Eine Kleine Deutschmusik

Learning German Through Familiar Tunes

Photograph by Ron Tom,
Carson Productions, Inc.,
Burbank, California

Uwe Kind on „The Johnny Carson Show"

Uwe Kind

born in 1943 in Königsberg.
Studied German and Anglistics.
Master's Degree in Education, Harvard University,
Cambridge, Massachusetts.
Author: "O Susanna, ja konjugier für mich!", (with Ursula Meyer, Goethe Institute New York),
"Tune In To English", Regents Publishing, New York.
Also writer, composer, lyricist and co-producer of the television pilot "English Alive".
Presented and performed the SingLingual method of language learning on national and internatio-
nal television including "Real People", "The David Letterman Show", and "The Johnny Carson
Show".

Eine Kleine Deutschmusik

Learning German Through Familiar Tunes

The SingLingual Method by Uwe Kind

LANGENSCHEIDT

NEW YORK · BERLIN · MUNICH

> A cassette with the songs of this
> book is available. (Order-No. 96 791)

Musical Arrangements:
Mark Moersen, NBC Television, New York
Daniel Collins-Murray

Cover design and illustrations: Theo Scherling

Editorial work: Manfred Glück

© 1983 Langenscheidt KG, Berlin and Munich

Druckhaus Langenscheidt, Berlin
Printed in Germany · ISBN 3-468-96790-X

3 4 5 6 * 90 89 88

Index

Song	Function	
1. Ich bin Ausländer *She'll Be Comin' round the Mountain*	● you identify yourself as a foreigner ● understanding/not understanding what is being said	10
2. Wie heißt das auf deutsch? *An der schönen blauen Donau (Donauwalzer)*	● asking someone the name of an object ● asking for the translation of a word	15
3. Wo haben Sie Deutsch gelernt? *Santa Lucia*	● telling someone where you studied German ● accepting a compliment on your German	19
4. Kommen Sie aus Tokio? *Twinkle, Twinkle, Little Star*	● introducing yourself	23
5. Wie geht's und wie ist das Wetter? *Jamaica Farewell*	● small talk	27
6. Wollen wir ins Kino gehen? *Hail, Hail, The Gang's All Here*	● accepting and refusing an invitation	32
7. Ach, Herr Brahms, wollen Sie schon gehen? *Brahms' Wiegenlied*	● ending a conversation ● announcing your departure	36
8. Kann ich mit Herrn Vogel sprechen? *Ein Vogel wollte Hochzeit machen*	● reaching someone on the telephone	40
9. Wo ist hier ein Restaurant? *Old MacDonald Had a Farm*	● looking for a restaurant ● asking directions	44
10. Vielen Dank! *Sur le pont d'Avignon*	● expressing thanks	48
11. Was können Sie empfehlen? *He's Got the Whole World in His Hand*	● ordering in a restaurant ● asking for a waiter's recommendation ● getting the check	51

Introduction

Eine Kleine Deutschmusik uses universally known tunes with new lyrics to teach the beginning student the most important German language functions, idiomatic expressions, and grammar. Rhythm, rhyme, and familiar melodies facilitate the learning process and help the student demystify the language.

Eine Kleine Deutschmusik has been designed for learners of all ages, as well as businessmen, travelers, and hobbyists, who wish to rapidly teach themselves German. It is also designed to be used by German students at a beginning or intermediate level in conjunction with classroom work in order to introduce or review structure and vocabulary, and to reinforce communicative skills.

Eine Kleine Deutschmusik is divided into 25 units consisting of 24 songs with explanations and exercises and one review chapter. Each unit consists of one song followed by its English translation. They each teach a specific communicative skill such as introducing oneself, asking directions and finding a good restaurant, making appointments, hotel and travel arrangements, even flirting. Included in each unit is a musical score with guitar chords and the verses.

The text of each song is reviewed by means of challenging games, exercises, and a variety of other activities so that the student may apply and build upon the structures emphasized in each chapter.

The book and accompanying cassette can be used as a quick, easy and fun door-opener to German. Detailed instructions and suggestions on how to use the material are given in the sections "To the Teacher" and "To the Student".

The SingLingual method has been developed by the author at Harvard University and tested at several universities and schools in Germany, Japan, and the United States. The results show that students of all ages can be taught more rapidly and effectively than with traditional methods.

The SingLingual Method

Music can relax the body, influence the rhythm of breathing, and heighten awareness and mental receptivity.

For centuries important information has been memorized and passed on to later generations through songs and poetry. Today's modern advertising industry knows that advertising slogans which use music impress themselves much more quickly on the mind and are retained for a longer period of time than simply spoken ones.

By means of familiar tunes it is possible to learn, without great effort, language functions, idiomatic expressions and grammatical patterns which are easy to recall.

Transition from singing to speaking is a natural process; this process is enhanced through the use of musical verses which aid spoken inflection and pronunciation.

The SingLingual method is successfully being used in the text called "Tune in to English" in Europe, Japan, and America.

To the Teacher

Before you start using **Eine Kleine Deutschmusik** familiarize your students with the SingLingual method. Point out that rhythm, rhyme, and a simple or already familiar tune aid in learning and recalling.

Since important elements of this method are relaxation and enjoyment, students should not be forced to sing in front of the class or to sing out loud. Those who claim they cannot sing, or are too shy to do so, can also learn by silent singing or speaking to themselves as well as by mere listening. A good voice is not required.

Each song is self-contained and deals with a particular language function (see Index of Functions) and various grammatical structures (see Index of Grammatical Structures).

This book is intended to serve as supplementary material for your German classes. You can use it to create a relaxed atmosphere and to introduce or review Language functions or grammatical patterns at the beginning of a class. During class it provides a bridge between different activities and introduces a change of pace. At the end of the class it ensures that you will finish on an upbeat note. The following steps can be applied for each chapter:

1. Chose a song and briefly discuss the original. If someone knows the tune ask that person to hum it.

2. Describe the content of the text in simple German and have the students repeat the words and expressions in the song after you.

3. Focus on the content of the song and the language function connected with it.

4. Play the cassette and have the students relax while listening to it. If the cassette is not available the song can be sung with or without musical instruments by the teacher or by some enthusiastic students.

5. Rewind the cassette and have the class sing the entire song through several times, at first with and then without the cassette.

6. In the case of songs that involve a dialogue between two or more persons divide the class into groups and have each group sing the part of a different character. Repeat the song and change roles. In the case of narrative songs each group can sing a different verse.

7. After the song has been practiced go to the spoken version of the song that follows on the cassette. Repeat step 4, 5, and 6.

8. Have your students do the written exercises for review and additional reinforcement. The exercises can also be used as tests, oral exercises or homework assignments.

9. The combination of various songs make excellent material for improvisations and role playing. You can easily steer the situation by supplying your students with musical signals.

To the Student

Eine Kleine Deutschmusik is designed so that you can study the most important German language functions on your own. It is helpful to follow the steps listed below.

1. Look at the Index of Language Functions and choose a song.

2. Study the song sheet, the vocabulary and the language function associated with the tune.

3. Relax and listen to the song from the cassette several times.

4. Rewind the cassette and sing the entire song along with the cassette.

5. Again rewind the cassette and sing along. With dialogue songs practice the various parts; with narrative songs practice the individual verses.

6. After you have practiced the song, listen to the spoken version that follows on the cassette. Relax while listening. Do the speaking exercises. First, the entire song, then again the individual parts as described in step 4 and 5.

7. Do the written exercises which follow the song in each chapter. You can play the cassette while doing the exercises. This will sharpen your listening skills.

8. Listen to the songs while driving, in the office or at home. You will notice how easily you will remember a given text by humming the particular melody.

Have fun!

Ich bin Ausländer

Melodie: *She'll Be Comin' round The Mountain*
(Amerikanisches Volkslied)

Ich bin Aus - län - der und spre - che nicht gut Deutsch. Ich bin Aus - län - der und spre - che nicht gut Deutsch. Bit - te lang - sam! Bit - te lang - sam! Bit - te spre - chen Sie doch lang - sam! Ich bin Aus - län - der und spre - che nicht gut Deutsch.

Ich bin Ausländer und spreche nicht gut Deutsch.
Ich bin Ausländer und spreche nicht gut Deutsch.
Bitte, langsam! Bitte, langsam!
Bitte, sprechen Sie doch langsam!
Ich bin Ausländer und spreche nicht gut Deutsch.

Ich bin Ausländer und spreche nicht gut Deutsch.
Ich bin Ausländer und spreche nicht gut Deutsch.
Ich versteh' nicht, was Sie sagen.
Ich versteh' nicht, was Sie sagen.
Ich bin Ausländer und spreche nicht gut Deutsch.

Glossar

Ich bin Ausländer
und spreche nicht gut Deutsch.
bitte
sprechen Sie doch langsam
Ich versteh' (verstehe)
Ich versteh' nicht,
was Sie sagen.

I am a foreigner
and I don't speak German well.
please
do speak slowly
I understand
I don't understand
what your are saying.

Bitte schreiben Sie:

> Kann ich Ihnen helfen?

> Ich bin Ausländer und spreche nicht gut Deutsch.

> Bitte sprechen Sie doch langsam!

> おはう。

> Ich versteh nicht wie Sie sagen.

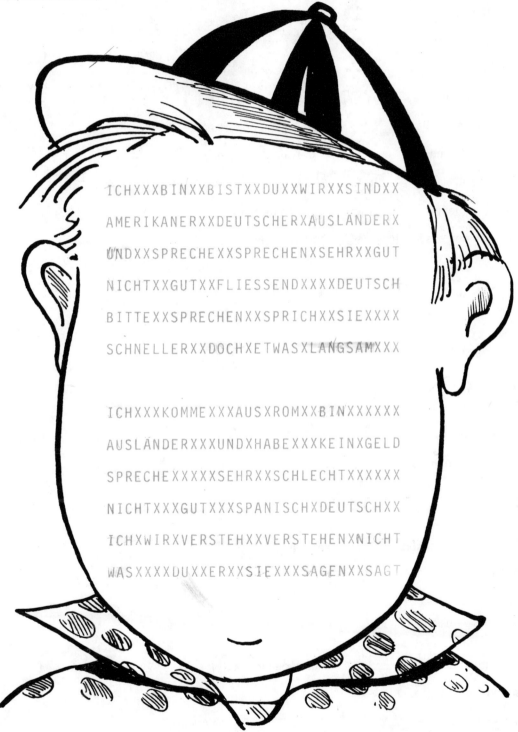

ICHXXXBINXXBISTXXDUXXWIRXXSINDXX

AMERIKANERXXDEUTSCHERXAUSLÄNDERX

UNDXXSPRECHEXXSPRECHENXSEHRXXGUT

NICHTXXGUTXXFLIESSENDXXXXDEUTSCH

BITTEXXSPRECHENXXSPRICHXXSIEXXXX

SCHNELLERXXDOCHXETWASXLANGSAMXXX

ICHXXXKOMMEXXXAUSXROMXXBINXXXXXX

AUSLÄNDERXXXUNDXHABEXXXKEINXGELD

SPRECHEXXXXXSEHRXXSCHLECHTXXXXXX

NICHTXXXGUTXXXSPANISCHXDEUTSCHXX

ICHXWIRXVERSTEHXXVERSTEHENXNICHT

WASXXXXDUXXERXXSIEXXXSAGENXXSAGT

1 Und hier können Sie weiterlernen! (Learn more!)

nicht	ô	not
ein wenig	~	a little
sehr gut	+	very good/well
Ich verstehe.	💡	I understand.
Verstehen Sie?	?	Do you understand?
Ich bin Ausländer.	📷	I am a foreigner.
Wir sind Ausländer.	📷📷📷	We are foreigners.
Ich komme aus …	🧳	I come from …
Wir kommen aus …	🧳🧳	We come from …

ja	yes
nein	no
Wir sprechen	We speak
jetzt	now

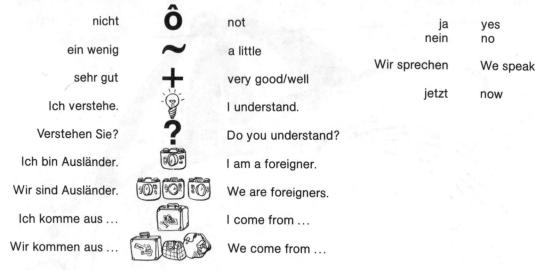

1.
○ 📷 _Ich bin Ausländer_ und spreche ~ _ein wenig_ Deutsch. Ich 💡 _verstehe_ + _sehr gut_, was Sie sagen.

2.
● ? _Verstehen Sie_, was ich sage?

○○ Nein, 💡 _Ich verstehe_ ô _nicht_, was Sie sagen. Bitte, sprechen Sie langsam. Wir 🧳🧳 _sind Ausländer_.

3.
● ? _Verstehen Sie_ jetzt, was ich sage?

□□ Ja, wir verstehen, was Sie sagen. 📷📷📷

● Gut.

4.
● Sind Sie Ausländer?

▽ Ja, 📷 _ich bin_ Ausländer. Ich 🧳 _komme_ aus Kanada.

● Und Sie?

▲ 🧳 _Ich komme aus_ Los Angeles.

14

Wie heißt das auf deutsch?

Melodie: *An der schönen blauen Donau (Donauwalzer)*

C
Wie heißt das auf deutsch? — Das heißt Sa -

C   G⁷
lat. — Wie heißt das auf deutsch? — Das

G⁷
heißt Spi - nat, und das hier ist Milch. Das

G⁷
ist Kaf - fee, und das sind zwei

G⁷   C
Ei - er, und das ist Tee.

2

Frau Blue: Wie heißt das auf deutsch?
Herr Blau: Das heißt Salat.
Frau Blue: Wie heißt das auf deutsch?
Herr Blau: Das heißt Spinat,
und das hier ist Milch.
Das ist Kaffee,
und das sind zwei Eier,
und das ist Tee.

Frau Blue: Wie sagt man "I'm fine."?
Herr Blau: Es geht mir gut.
Frau Blue: Wie sagt man "It tastes good."
Herr Blau: Es schmeckt gut.
Frau Blue: Und wie sagt man "Thank you!"?
Herr Blau: Danke schön!
Frau Blue: Wie sagt man "You are welcome!"?
Herr Blau: Bitte schön!

Glossar

Wie heißt das auf deutsch?	What is that called in German?
Das heißt Salat.	That is called "salad".
Spinat	spinach
und das hier ist Milch	and that here is milk
Das ist Kaffee,	That is coffee,
und das sind zwei Eier.	and those are two eggs.
Tee	tea
Wie sagt man …	How does one say …
Es geht mir gut.	I'm fine.
Das schmeckt gut.	That tastes good.
Danke schön!	Thank you!
Bitte schön!	You are welcome!

Bitte, schreiben Sie:

Wortjagd

Frau Blue: WIEXICHXHEISSTXINXXX
DASXAUSXAUFXDEUTSCHX

Herr Blau: USAXDASXUNDXHEISSTXX
SPRECHEXSALATXEISXXX

Frau Blue: XXWIEXBITTEXHEISSTXX
XDASXAUFXDEUTSCHXICH

Herr Blau: DASXHEISSTXSPINATXJA
UNDXNICHTXDASXHIERXX
SINDXISTXXMILCHXAUFX
AUSLÄNDERXDASXISTXXX
COCAXCOLAXKAFFEEXXXX
UNDXXWIEXDASXXSINDXX
DREIXZWEIXEIERXXDASX
SINDXISTXXBIERXTEEXX

Frau Blue: WOXWIEXSAGTXXMANXJAX   "I'm fine."

Herr Blau: XOXESXICHXGEHTXMIRXX
SOXSOXSCHLECHTXGUTXX

Frau Blue: ICHXWIEXXSAGTXMANXXX   "It tastes good."

Herr Blau: XESXXSCHMECKTXGUTXXX

Frau Blue: UNDXWOXWIEXSAGTXMANX   "Thank you."

Herr Blau: BITTEXDANKEXSCHÖNXXX

Frau Blue: WIEXSAGTXXDUXMANXICH   "You are welcome."

Herr Blau: BITTEXGUTENXSCHÖNXJA

Und hier können Sie weiterlernen!

der/ein Paß   the/a passport

der/ein Koffer   the/a suitcase

der/ein Schlüssel   the/a key
die Schlüssel   the keys

die/eine Handtasche   the/a handbag

Bitte, schreiben Sie:

○ Wie *heißt* das *auf* deutsch?

● *Auf* deutsch *heißt* das *Kaffee*.

○ Wie *heißt* das auf *Deutsch*?

● *Das* heißt *Paß*,

    und das hier *sind Schlussel*,

    und das *ist* eine *Handtasche*.

○ *Wie* sagt *man* auf deutsch „foreigner?"

● *Ausländer*.

○ Und wie *sagt* man „good?"

● *Gut*

○ Danke.

● Bitte.

Wo haben Sie Deutsch gelernt?

Melodie: *Santa Lucia (Italienisches Volkslied)*

Wo ha-ben Sie Deutsch ge-lernt? — In ei-nem

A-bend-kurs. Durch Lie-der und Ge-sang,

und in der Schu-le. — Sie spre-chen

schon sehr gut. — Nein, ich sprech' noch nicht gut. — Doch! Sie

spre-chen wirk-lich sehr, sehr gut. — Dan-ke, das freut mich.

3

Herr Obermeyer:	Wo haben Sie Deutsch gelernt?
Lucia:	In einem Abendkurs.
	Durch Lieder und Gesang,
	und in der Schule.
Herr Obermeyer:	Sie sprechen sehr gut Deutsch.
Lucia:	Nein, ich sprech' noch nicht gut.
Herr Obermeyer:	Doch! Sie sprechen wirklich sehr, sehr gut.
Lucia:	Danke, das freut mich.

Glossar

Wo haben Sie Deutsch gelernt?	Where did you learn German?
in einem Abendkurs	in an evening course
durch Lieder und Gesang	by singing songs
	(lit.: through songs and singing)
und in der Schule	and at school
Sie sprechen sehr gut.	You speak very well.
schon	already
Ich sprech' (spreche) noch nicht gut.	No, I don't speak well yet.
doch	yes, indeed
Danke, das freut mich.	Thank you. I'm pleased.
wirklich	really

Wiederholen Sie den Text!

Bitte, schreiben Sie:

Wortjagd

Herr O.: WOXWIEXHASTXDUXHABENXSIEXHABTXIHRXX
ENGLISCHXFRANZÖSISCHXDEUTSCHXXXXXXX
GELERNTXSTUDIERTXXXXXGESPROCHENXXX

Lucia: INXEINEMXABENDKURSXDERXUNIVERSITÄTX
MITXDEMXBUCHXEINEXKLEINEXDEUTSCHXXXX
MUSIKXDURCHXLIEDERXUNDXGESANGXXXXXX

Herr O.: DUXSPRICHSTXIHRXSPRECHTXSIEXSPRECHEN
SCHONXWIRKLICHXGANZXTOLLXXSEHRXXGUT

Lucia: JAXXXNEINXXICHXXSPRECHEXNOCHXNICHTXX
PERFEKTXXXFLIESSENDXGUTXXWIEXXXSIEXXX

Herr O.: DOCHXDOCHXXJAXWIRKLICHXXSIEXKÖNNENX
SPRECHENXWIRKLICHXXSEHRXGUTXXXXXXXX

Lucia: DANKEXVIELENXDANKXDASXGEFÄLLTXMIRXX
XXFREUTXXMICHXXIHNXXSIEXXESXXSEHRXXX

3 **Und hier können Sie weiterlernen!**

a) am College — at college
b) an der Universität — at the university
c) durch Selbststudium — by self-instruction
d) am Goethe-Institut — at the Goethe Institute
e) in einem Deutschkurs — in a German course
   in der Firma — in the firm
f) mit einer "Kleinen Deutschmusik" — with the book "Eine Kleine Deutschmusik"
g) Ich habe schon viel vergessen. — I have forgotten a lot.
h) Ich mache noch viele Fehler. — I still make a lot of mistakes.

Bitte, schreiben Sie:

● Wo haben Sie Deutsch gelernt?

○ (c) durch Selbststudium.

● Sie sprechen wirklich sehr gut!

○ Wirklich? Das freut mich. Danke.

● Herr Watanabe, wo haben Sie Deutsch gelernt?

○ (b) an der Universität.

Das ist lange her. (g) ___ ____ _____ ____

_ _____.

● Sie sprechen aber wirklich gut!

○ Danke. Freut mich.

● Frau Bléri, Sie sprechen sehr gut Deutsch.

Wo haben Sie Deutsch gelernt?

○ (d) am Goethe Institut in New York.

● Wie lange?

○ Zwei Jahre lang, aber (g) ich habe schon viel vergessen.

● Ihr Deutsch ist wirklich ganz prima.

○ Nein, (h) ich mache noch viele Fehler.

22

Kommen Sie aus Tokio?

4

Melodie: *Twinkle, Twinkle, Little Star*

E   A   E

Gu - ten A - bend, ich heiß' Kna - be. —

B⁷

Freut mich, Jon - ny Wa - ta - na - be. —

B⁷

Wie ist Ihr Na - me? — Wa - ta - na - be. —

B⁷

Wie ist Ihr Na - me? — Wa - ta - na - be. —

E   A   E

Kom - men Sie aus To - ki - o? —

B⁷   E

Nein, ich komm' aus Buff - a - lo.

4

Herr Knabe:	Guten Abend. Ich heiß' Knabe.
Herr Watanabe:	Freut mich! Jonny Watanabe.
Herr Knabe:	Wie ist Ihr Name?
Herr Watanabe:	Watanabe!
Herr Knabe:	Wie ist Ihr Name?
Herr Watanabe:	Watanabe!
Herr Knabe:	Kommen Sie aus Tokio?
Herr Watanabe:	Nein, ich komm' aus Buffalo.
Herr Knabe:	Seit wann sind Sie hier in Trier?
Herr Watanabe:	Ich bin erst seit gestern hier.
Herr Knabe:	Oh, Ihr Deutsch ist wirklich gut.
Herr Watanabe:	Nein, mein Deutsch ist nicht so gut.
Herr Knabe:	Kommen Sie aus Tokio?
Herr Watanabe:	Nein, ich komm' aus Buffalo.

Glossar

Guten Abend	Good evening
Ich heiß' (heiße)	My name is ...
Freut mich!	Nice to meet you!
Wie ist Ihr Name?	What is your name?
Kommen Sie aus ...?	Are you from ...?
Nein, ich komm' (komme)	No, I am from ... / I come from ...
Seit wann sind Sie hier in Trier?	Since when have you been here in Trier?
Ich bin erst seit gestern hier.	I have only been here since yesterday.
Oh, Ihr Deutsch ist wirklich gut.	Oh, your German is really good.
Nein, mein Deutsch ist nicht so gut.	No, my German is not so good.

Wiederholen Sie den Text!

Bitte schreiben Sie:

Herr Knabe: Guten Abend. Ich _heiße_ Knabe.

Herr Watanabe: _Freut mich_ ! Jonny Watanabe.

Herr Knabe: _Wie ist Ihr_ Name?

Herr Watanabe: Watanabe!

Herr Knabe: Wie _ist_ Ihr _Name_ ?

Herr Watanabe: Watanabe!

Herr Knabe: Kommen _Sie aus_ Tokio?

Herr Watanabe: _Nein_ , ich komm' _aus_ Buffalo.

Herr Knabe: _Seit wann_ sind _sie_ hier _in_ Trier?

Herr Watanabe: Ich bin _erst seit gestern_ hier.

Herr Knabe: O, _Ihr_ Deutsch ist _wirklich_ gut.

Herr Watanabe: Nein, mein _Deutche_ ist _nicht_ so _gut_ .

Herr Knabe: _Kommen_ Sie _aus_ Tokio?

Herr Watanabe: Nein, _ich_ komm' _aus_ Buffalo.

4

Und hier können Sie weiterlernen!

1 Guten Tag!	Hello!
2 aus der Schweiz	from Switzerland
3 schon	already
4 acht Uhr	eight o'clock

Bitte, schreiben Sie:

Rosie Reiz: G U T E N   T A g . Ich heiße Reiz,
       1

und komme a U S d e r   s c h w e i z .
          2

Werner Weiz: W i e   i s t   I h r   N a m e ?

Rosie Reiz: Rosie Reiz.

W i e   ist Ihr N a m e ?

Werner Weiz: Werner Weiz.

Rosie Reiz: Seit wann sind Sie   s c h o n   hier?
                           3

Werner Weiz: Ich bin schon seit a c h t   U h r   hier.
                  4

Wie geht's und wie ist das Wetter?

Melodie: *Jamaica Farewell (Volkslied aus Jamaika)*

Hal - lo, grüß dich, Ruth. — Grüß dich, Knut! — Sag, wie gehts? —

O, ganz gut. — Wie ist das Wet - ter? — Ziem - lich kühl.

Und in Ja - mai - ka? — Heiß und schwül.

5

Knut: Hallo, grüß dich, Ruth.
Ruth: Grüß dich, Knut.
Knut: Sag, wie geht's?
Ruth: Oh, ganz gut!
Knut: Wie ist das Wetter?
Ruth: Ziemlich kühl.
　　　Und in Jamaika?
Knut: Heiß und schwül.

Knut: Sag mal, was macht June?
Ruth: Hat viel zu tun.
Knut: Was macht Frank?
Ruth: Er ist noch krank.
Knut: Wie ist das Wetter?
Ruth: Ziemlich kühl.
　　　Und in Jamaika?
Knut: Heiß und schwül.

Knut: Bitte, grüß die June.
Ruth: Werd' ich tun.
Knut: Grüß den Frank.
Ruth: Vielen Dank.
Knut: Wie ist das Wetter?
Ruth: Ziemlich kühl.
　　　Und in Jamaika?
Knut: Heiß und schwül.

Glossar

Hallo, grüß dich, Ruth.	Hello, Ruth.
Sag, wie geht's?	Tell me, how are you?
Oh, ganz gut.	Oh, quite good.
Wie ist das Wetter?	How is the weather?
ziemlich kühl	rather cool
und in Jamaika?	and in Jamaica?
heiß und schwül	hot and humid
Sag mal, was macht June?	Tell me, what is June doing?
Sie hat viel zu tun.	She has a lot to do.
Was macht Frank?	How is Frank doing?
Er ist noch krank.	He is still ill.
Bitte, grüß die June.	Please, tell June hello.
Werd' (werde) ich tun.	I will.
Grüß den Frank.	Tell Frank hello.
Vielen Dank.	Many thanks.

Kuddelmuddel

Bitte, schreiben Sie:

1. *Knut:* mal/sag/macht/was/June

    Sag mal, was macht June?

    Ruth: zu/hat/viel/tun

    Wat viel zu tun.

    Knut: macht/Frank/was

    Was macht Frank?

    Ruth: noch/er/ist/krank

    er ist noch krank.

    Knut: ist/wie/Wetter/das

    Wie ist Das wetter?

    Ruth: kühl/ziemlich/und/Jamaika/in

    _ _ _ _ _ _ _ _ _ _ _ _ _, _ _ _ _ _ _ _ _ _ _ _.

    Knut: und/heiß/schwül

    _ _ _ _ _ _ _ _ _ _ _ _.

2. *Knut:* Bitte, _ _ _ _ _ die June.

    Ruth: _ _ _ _ _' ich _ _ _ _.

    Knut: G_ _ _ _ _ _ _ _ Frank.

    Ruth: _ _ _ _ _ _ _ Dank.

    Knut: Wie _ _ _ _ das _ _ _ _ _ _ _?

    Ruth: _ _ _ _ _ _ _ _ _ _ kühl, und _ _ _ Jamaika?

    Knut: _ _ _ _ _ und _ _ _ _ _ _ _.

5 **Und hier können Sie weiterlernen:**

Wie geht es Ihnen?		How are you?
Wie geht es Ihrem Mann? Vater Sohn		How is your husband? father son
Wie geht es Ihrer Frau? Mutter Tochter		How is your wife? mother daughter
gut	+	good/well/fine
nicht gut	−	not good/well
nicht so gut	− so +	not so good
gar nicht gut	− − +	not good at all
Wie ist das Wetter?		How is the weather?
Es regnet.		It is raining.
Es schneit.		It is snowing.
schön		beautiful, nice
schlecht		bad
Guten Morgen!		Good morning!
Guten Tag!		Hello!
Guten Abend!		Good evening!
auch		also
Grüßen Sie Ihren Mann/Ihre Frau. G		Say hello to your husband/your wife.

5

○ G_____ M_____ : Wie _____ __ Ihnen ?

● ___ ! Und Ihnen?
+

○ Auch _____ . Wie _____ __ Ihnen __ U_____ ?
+

● __ __ _____ _____ .
− − +

○ _____ _____ _____ n U_____
　　　　G

● Werde ich tun.

G_____ A_____ ! ___ ___ _____ es Ihnen ?

_____ ! Und Ihnen?
+

_____ _____ _____ . W_ i__ das W_____
− so +　　　 W　　　　　　　in Rom?

_____ _____ E_ r_____ und es _____ _____ .

Und wie ist das Wetter in Deutschland?

_____ _____

W__ g_____ _____ _____ _____ ?

Sehr _____ .
+

Und I_____ m S_____ ?

Auch _____ .
+

Bitte, _____ _____ Sie _____ _____ F_____ !
　　　　G

Danke. Werd' ich tun.

Bitte, grüßen Sie auch I_____ Mann.

31

6 Wollen wir ins Kino gehen?

Melodie: *Hail! Hail! The Gang's All Here (Gilbert and Sullivan)*

Wol - len wir ins Ki - no gehn? — Ich geh' lie - ber schla - fen.

Ich geh' lie - ber schlaf - en. — Wol - len wir ins

Ki - no gehn? — Ich hab' kei - ne Lust. Ach, nein.

Am Donnerstag

Herr von Nebenan: Wollen wir ins Kino gehn?
Frau von Nebenan: Ich geh' lieber schlafen.
Ich geh' lieber schlafen.
Herr von Nebenan: Wollen wir ins Kino gehn?
Frau von Nebenan: Ich hab' keine Lust. Ach, nein.

Am Freitag

Frau von Nebenan: Wollen wir ins Kino gehn?
Herr von Nebenan: Tut mir leid. Ich kann nicht.
Tut mir leid. Ich kann nicht.
Frau von Nebenan: Wollen wir ins Kino gehn?
Herr von Nebenan: Tut mir leid. Ich kann heut nicht.

Am Samstag

Herr von Nebenan: Wollen wir ins Kino gehn?
Frau von Nebenan: Ja, ich komme gern mit.
Ja, ich komme gern mit.
Herr von Nebenan: Wollen wir ins Kino gehn?
Frau von Nebenan: Ich komm' gerne mit. Oh, ja.

Glossar

Wollen wir ins Kino gehn (gehen)?	Shall we go to the movies?
Ich geh' (gehe) lieber schlafen.	I'd rather go to bed.
Ich hab' (habe) keine Lust.	I am not interested.
Ach, nein.	Oh, no.
Tut mir leid.	I'm sorry.
Ich kann nicht.	I cannot.
heut (heute)	today
Ich komm' (komme) gern mit.	I would like to come along.
Oh, ja.	Oh, yes.
am Donnerstag	on Thursday
Freitag	Friday
Samstag	Saturday

6 Wiederholen Sie den Text!

Bitte, schreiben Sie:

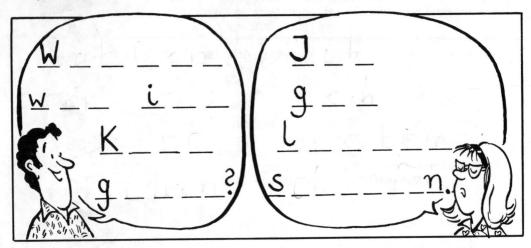

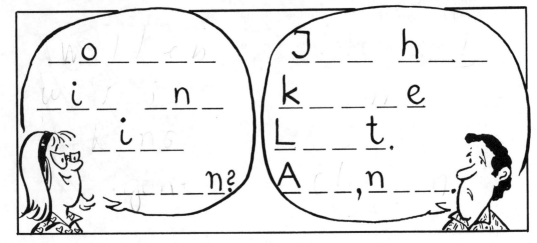

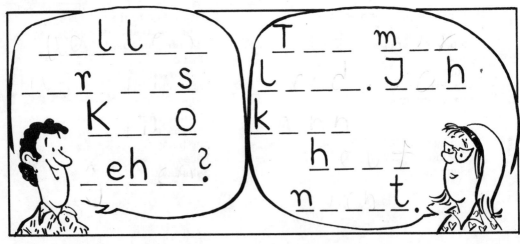

6

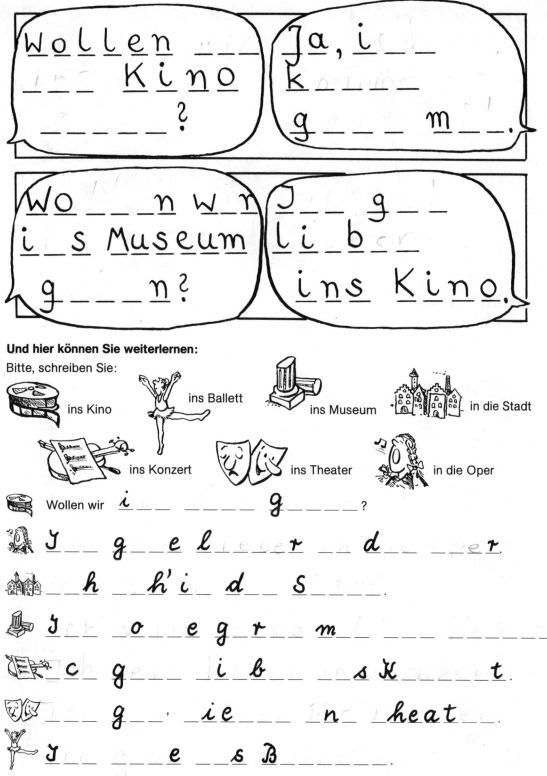

Wollen ___ ___
___ Kino
_____ ?

Ja, i___
K_____
g____ m___.

Wo___ n w r
i__ s Museum
g____ n?

J___ g___
li_ b__
ins Kino.

Und hier können Sie weiterlernen:

Bitte, schreiben Sie:

ins Kino   ins Ballett   ins Museum   in die Stadt

ins Konzert   ins Theater   in die Oper

Wollen wir i___ ___   g_____ ?

I___ g___e l_____ r ___ d___ ___e r

___ h___ h'i___ d___ S_____ .

I___ ___o___e g___r___ m___ _____ .

___c___ g___ ___i b___ ___s K_____ t.

___ ___ g___'___ie___ ___ n___ heat___

I___ g___ ___e___ s B_____ .

7 Ach, Herr Brahms, wollen Sie schon gehen?

Melodie: *Brahms' Wiegenlied (Brahm's Lullaby)*

Ach, Herr Brahms, woll'n Sie schon gehn? — Es ist
spät. Ich muß geh - en. Es war wirk - lich sehr, sehr
schön. Es ist spät. Ich muß jetzt gehn. — Scha - de,
daß Sie schon gehn. — Tut mir leid, ich muß
gehn. — Scha - de, daß Sie schon gehn. — Tut mir
leid, doch ich muß jetzt gehn.

Frau Schumann: Ach, Herr Brahms, woll'n Sie schon gehn?
Herr Brahms: Es ist spät. Ich muß gehen.
Es war wirklich sehr, sehr schön.
Es ist spät. Ich muß jetzt gehn.
Frau Schumann: Schade, daß Sie schon gehn.
Herr Brahms: Tut mir leid. Ich muß gehn.
Frau Schumann: Schade, daß Sie schon gehn.
Herr Brahms: Tut mir leid, doch ich muß jetzt gehn.

Glossar

Ach, Herr Brahms,	Oh, Mr Brahms,
woll'n (wollen) Sie schon gehn (gehen)?	Do you want to go now?
Es ist spät.	It's late.
Ich muß gehen.	I have to go.
Schade, daß Sie schon gehen.	It's too bad that you have to go.
Es war wirklich sehr schön.	It was really very nice.
jetzt	now
Tut mir leid.	I'm sorry.
Tut mir leid, doch ich muß jetzt gehn.	I'm sorry, but I really must go now.

Wiederholen Sie den Text!

Kuddelmuddel

Bitte, schreiben Sie:

schon/ach/wollen/Herr Brahms/gehen/Sie

_A__, _H____ _B_____, _____ S__
_s_____ _____ ___?

spät/es/ist/muß/gehen/ich/schön/war/wirklich/sehr, sehr/es/
ist/muß/jetzt/gehen/ich

E__ s___ __t. J__ ___ _geh__.
_s a_ i___i_ _e_r _e_r
s___ _n. ___ ___ ___ ____.

● daß/schade/gehen/Sie/schon

S_____, __ß ___ ___o _e_.

○ leid/tut/mir/muß/gehen/ich

J__ ___ _ei, ___ __ß __h __.

● gehen/daß/Sie/schon/schade

___ade, _a_ S__ s____ __hen.

○ doch/mir/tut/gehen/muß/leid/ich/jetzt

_u_ _i_ _ei, _och i__ ___
jet__ __hen.

Und hier können Sie weiterlernen!

Bitte, schreiben Sie:

Sag mal …
wirklich
Ich will gehen.
Du willst gehen?
Willst du gehen?
Es ist eins.
Es ist zwei.
Ich bin müde.
Gute Nacht!

Tell me …
really
I want to go.
You want to go?
Do you want to go?
It's one o'clock.
It's two o'clock.
I am tired.
Good night!

8 Kann ich mit Herrn Vogel sprechen?

Melodie: *Ein Vogel wollte Hochzeit machen*
(Deutsches Volkslied)

C   G7

Kann ich mit Herrn Vo - gel spre - chen? —

C   G7   C

Tut mir leid. Er ist nicht hier. — Und wann kommt Herr

G7   C   G7   C

Vo - gel wie - der? — Mor - gen um halb vier.

Herr Uhu: Kann ich mit Herrn Vogel sprechen?
Telefonistin: Tut mir leid. Er ist nicht hier.
Herr Uhu: Und wann kommt Herr Vogel wieder?
Telefonistin: Morgen um halb vier.

Am nächsten Tag um halb vier.

Herr Uhu: Kann ich mit Herrn Vogel sprechen?
Telefonistin: Leider ist er noch nicht hier.
Herr Uhu: Ich ruf' später noch mal an.
            So um zehn nach vier.

Um 10 nach vier.

Herr Uhu: Kann ich mit Herrn Vogel sprechen?
Telefonistin: Seine Leitung ist besetzt.
            Bleiben Sie am Apparat.
            So, ich verbinde jetzt.

Glossar

Kann ich mit Herrn Vogel sprechen?	Can I speak with Mr Bird?
Tut mir leid.	I'm sorry.
Er ist nicht hier.	He is not here.
Und wann kommt Herr Vogel wieder?	And when will Mr Bird return?
Morgen um halb vier.	Tomorrow at half past three.
leider	unfortunately
noch nicht	not yet
Ich ruf' (rufe) später noch mal an.	I will call again later.
So um zehn nach vier.	Around ten past four.
Seine Leitung ist besetzt.	His line is busy.
Bleiben Sie am Apparat.	Hold the line.
So, ich verbinde jetzt.	Now I'll connect you.
am nächsten Tag	on the next day

Wiederholen Sie den Text!

Bitte, schreiben Sie:

Ein Anruf

_H__ i __ m __ H ___ v_gel
s_____?

T__ m__ l___, e i __ n____
h___.
• U__ w___ k____ H___ V____
w_____?
○ M_____ u h___ v___.

Am nächsten Tag um halb vier.

• ___ n __ h __ t ___ n ___ l
_____n?
○ _eider __ t _r __ h ___ t _er.
• J__ __f'_ä___ o__ a__ n.
○ _o u _e_ _a_ vie_.

Um zehn nach vier.

• _an i__ ___ er__ _g __
___ech__?
○ S__ e Lei___ ___ b___ t.
• _leib__ S__ __ ___ara_.
○ _o, ___ verb___ et__.

Hier können Sie weiterlernen!

Bitte schreiben Sie:

Frau / sie	♀	Mrs / she
Wo ist sie?	(?)	Where is she?
Ich weiß nicht.	◻	I don't know.
Auf Wiederhören!	👂	Good bye! (on the phone)
Kann ich eine Nachricht hinterlassen?	📝	Can I leave a message?
Wer ist am Apparat?	☎?	Who is calling?

Kann ich mit _ _ _ _ Bauer sprechen? ♀

Tut mir leid. _ _ _ ist nicht hier. ♀

_ _ _ _ _ _ _ _ ? (?)

_ _ _ _ _ _ _ _ _ _ _ _ _ . ◻

Ich rufe später noch einmal an.

Gut. _ _ _ _ _ _ _ _ _ _ _ _ _ _ _ _ . 👂

Kann ich mit *F* _ _ _ _ Bauer sprechen? ♀

Leider ist _ _ _ noch nicht hier. ♀

K _ _ *i* _ *e* _ _ *N* _ _ _ _ _ _ _ _ 📝

hin _ _ *l* _ _ _ _ ?

Ja, gern. *W* _ _ *i* _ _ _ _ *A* _ _ _ _ _ ? ☎?

Nana Toyota aus Tokio. Ich bin im Park-Hotel, und meine Telefonnummer ist 4 31 81 17.

Alles klar.

_ _ _ _ _ _ _ _ _ _ _ _ _ _ _ . 👂

_ _ _ _ _ _ _ _ _ _ _ _ Frau Toyota. 👂

9 Wo ist hier ein Restaurant?

Melodie: *Old MacDonald Had a Farm*
(Amerikanisches Volkslied)

Wo ist hier ein Re - stau - rant? Ein net - tes Re - stau -

rant? Wo ist hier ein Re - stau - rant? Ein

net - tes Re - stau - rant? — Am Markt ist eins. Am

Markt ist eins. Am Park ist eins. Am Park ist eins. Am

Marktplatz ist ein Re - stau - rant. Am Markt-platz, da ist eins.

Old MacDonald:	Wo ist hier ein Restaurant? Ein nettes Restaurant. Wo ist hier ein Restaurant? Ein nettes Restaurant.
Frau Blau:	Am Markt ist eins. Am Markt ist eins. Am Park ist eins. Am Park ist eins. Am Marktplatz ist ein Restaurant. Am Marktplatz, da ist eins.
Old MacDonald:	Können Sie mir bitte sagen, wo der Marktplatz ist? Können Sie mir bitte sagen, wo der Marktplatz ist?
Frau Blau:	Erst nach rechts. Dann nach links. Um die Ecke. Gradeaus.
Old MacDonald und Frau Blau:	Um die Ecke. Gradeaus. Immer gradeaus.

Glossar

Wo ist hier ein Restaurant?	Where is there a restaurant?
ein nettes Restaurant	a nice restaurant
Am Markt ist eins.	There is one at the market.
am Marktplatz	at the market square
Können Sie mir bitte sagen,	Can you tell me, please,
… wo der Marktplatz ist?	… where the market square is?
erst	first
dann	then
nach rechts	to the right
nach links	to the left
um die Ecke	around the corner
immer g(e)radeaus	always straight ahead

Wortjagd

Bitte, schreiben Sie:

XWOXXWASXXISTXINXXBONNXHIERXEINX
EINEXBARXRESTAURANTXEINEXNETTEXXX
BARXEINXNETTESXXRESTAURANTXHIERXX
BEIMXAMXXBAHNHOFXMARKTXISTXEINEX
BARXEINSXUNDXAUCHXAMXPARKXPLATZ
SINDXZWEIXISTXXKEINSXEINSXJAXAMXXX
PARKPLATZXMARKTPLATZXISTXEINXXXXX
MEINXAUTOXRESTAURANTXAMXMUSEUM
MARKTPLATZXXDAXSINDXZWEIXISTXXXX
EINSXUNDXESXISTXNICHTXSOXTEUERXXX
KANNSTXDUXKÖNNENXSIEXUNSXMIRXXXX
BITTEXXSAGENXWOXXXDASXPOSTAMTXX
DERXXMARKTPLATZXXHIERXISTXWOXIST
ERSTXXNACHXLINKSXRECHTSXXXDANNXX
UMXXDIEXECKEXNACHXLINKSXXUMXXDIE
POSTXECKEXXDANNXGRADEAUSXIMMERX
IMMERXIMMERXWEITERXGRADEAUSXXXX

Und hier können Sie weiterlernen!

sagen		to say
helfen		to help
zeigen		to show
der/ein Arzt		doctor
der/ein Flughafen		airport
der/ein Schaffner		conductor
der/ein Schlüssel		key
die/eine Bank		bank
die/eine Bushaltestelle		bus stop
die/eine Reparaturwerkstätte		garage
die Polizei		police
das/ein Hotel		hotel
das/ein Telefon		telephone
das/(ein) mein Zimmer		room /my room

Können Sie mir bitte _____, wo e___ _____ ist?

Mein Auto ist kaputt. Können Sie mir bitte _____?

Wo ist hier ein__ _____?

Bitte _____ Sie mir _____.

Wo ist _____?

Wo ist d___ _____?

___ hier _____?

Können S___ b_t___ sagen, _____?

m_____ w___ e___

10 Vielen Dank!

Melodie: *Sur le Pont d'Avignon*
(Französisches Volkslied)

Vie - len Dank, vie - len Dank,

vie - len Dank für Ih - re Aus - kunft. — Bit - te schön,

gern ge - schehn. — Vie - len Dank! Auf Wie - der - sehn.

Frau Dupont:	Vielen Dank!
	Vielen Dank!
	Vielen Dank für Ihre Auskunft.
Herr Kluge:	Bitte schön!
	Gern geschehn.
Frau Dupont:	Vielen Dank!
Herr Kluge:	Auf Wiedersehn!

Glossar

Vielen Dank!	Many thanks!
für Ihre Auskunft	for your information
Bitte schön!	You are welcome!
Gern geschehn (geschehen).	My pleasure.
Auf Wiedersehn (Wiedersehen)!	Good bye!

Wiederholen Sie den Text!

Wortjagd

Bitte, schreiben Sie:

XVIELENXVIELEXGRÜSSEXDANK
FÜRXIHREXIHRENXDIEXXSEINEX
FREUNDLICHKEITXHILFEXXXXXX

BITTEXSCHÖNXKEINEXURSACHE
GERNXAUFXDEUTSCHXHEISSTX
XXGESCHEHENXSCHONXGUTXX

GUTEXVIELENXNACHTXXXDANK

TSCHÜSSXXAUFXWIEDERSEHEN.

Vielen Dank für

Ihren Anruf	your call	Ihre Hilfe	your help
Ihren Besuch	your visit		
Ihren Brief	your letter	Ihr Angebot	your offer
Ihren Tip	your tip/hint	Ihr Geschenk	your present
Ihre Blumen	your flowers	alles	all
Ihre Freund-lichkeit	your friendliness		

Was sagen die Leute? – Wofür bedanken sie sich?

Vielen Dank für Ihr.. . . . . .

Was können Sie empfehlen?

Melodie: *He's Got the Whole World in His Hand*
         (Amerikanisches Spiritual)

Ja, was kön - nen Sie emp - feh - len? – Das

Huhn mit Reis. – Ja, was kön - nen Sie emp - feh - len? – Das

Huhn mit Reis. – Ja, was kön - nen Sie emp - feh - len? – Das

Huhn mit Reis, zum Nach - tisch Him - beer - eis.

11 *Gast:* Ja, was können Sie empfehlen?
Ober: Das Huhn mit Reis.
Gast: Ja, was können Sie empfehlen?
Ober: Das Huhn mit Reis.
Gast: Ja, was können Sie empfehlen?
Ober: Das Huhn mit Reis,
zum Nachtisch Himbeereis.

Gast: Herr Ober, einen Weißwein,
das Huhn mit Reis,
dann zum Nachtisch ein Stück Kuchen
und Himbeereis.
Herr Ober, ich möcht' zahlen!
Ober: Ich komm' sofort.
Ja, ich komm' sofort.

Glossar

ja	yes; here: well
Was können Sie empfehlen?	What can you recommend?
Das Huhn mit Reis.	The chicken with rice.
zum Nachtisch	for dessert
das Himbeereis	the raspberry icecream
der Gast	the guest
der Ober	the waiter
Herr Ober, bitte, einen Weißwein.	Waiter, please, bring me a glass of white wine.
dann	then
ein Stück Kuchen	a piece of cake
Ich möcht' (möchte) gerne zahlen.	I would like to pay.
natürlich	yes, of course
gern	here: gladly

Bitte, schreiben Sie:

Wortjagd

Gast: XNEINXJAXWASXXKANNSTXDUX
KÖNNENXXSIEXMIRXBITTEXXX
EMPFEHLENXXHERRXXOBERXXX
Ober: DASXSTEAKXXHUHNXMITXREIS
ZUMXXNACHTISCHXXBITTEXXX
APFELSTRUDELXXHIMBEEREIS

Kuddelmuddel

Bitte, schreiben Sie:

Gast: Weißwein / einen / Herr / Ober / bitte /

_ _ _ _ _ _ _ _ _, *b* _ _ _ _ _ _ _ _ _ _

_ _ _ _ _ _ _ _ _.

mit / das / Reis / Huhn /

_ _ _ _ _ _ _ _ _ _ _ _ _ _,

dann / ein / Kuchen / Stück / Nachtisch / zum / und / Himbeereis

d _ _ _ _ _ _ _ _ _ _ _ _ *is* _ _ _ *i* _ _ _ _ *ck*

_ _ _ _ *l* _ _ *n* _ _ _ _ _ _ *l r* _ _ _.

Ober / zahlen / Herr / ich / gerne / möchte /

_ _ _ _ _ _ _ _ _ _, _ _ _ _ _ _ _ _ _ _ _ *l r* _ _

_ _ _ _ _ _.

Ober: komme / ich / sofort

_ _ _ _ _ _ _ _ _ _ _ _ _ _.

11 Und hier können Sie weiterlernen!

1 (die / eine) Bratwurst	fried sausage
2 (das / ein) Fischfilet	fish fillet
3 (das / ein) Beefsteak	beefsteak
4 (der / ein) Sauerbraten	stewed beef
5 (das / ein) Gemüse	vegetables
6 (die) Kartoffeln (Pl.)	potatoes
7 (die) Pommes frites (Pl.)	French fries
8 (das / ein) Rotkraut	red cabbage
9 (das / ein) Sauerkraut	Sauerkraut
10 mit	with
11 und	and
12 ohne	without

a (der / ein) Rotwein	red wine
b (der / ein) Weißwein	white wine
c (das / ein) Mineralwasser	mineral water
d (der / ein) Saft	juice
e (das / ein) Bier	beer
f (der / ein) Tee	tea
g (der / ein) Kaffee	coffee
h (die / eine) Milch	milk
i (die / eine) Zitrone	lemon
j (der / ein) Zucker	sugar
k für ihn	for him
l für sie	for her

Bitte, schreiben Sie:

Fü mich __ tt_ B _____ k m____
                              3   10
K _ rt _____ .
        6

___ i __ bitte _____ ___
   k   1   10
_____ _____ _____ .
      7   11   9

___ f__ s _____ _____
 11   l   2   10
_____ dann _____ .
  5   11   c

F_ m __ ein _____ ___ dann
                   e   11
_____ _____ _____ .
 f   10   i   11   j

54

Ansichtskarten und Briefmarken

Melodie: *Drei Chinesen mit 'nem Kontrabaß*
(Deutsches Volkslied)

D   **A⁷**

Ha - ben Sie Ansichts - kar - ten von dem Dom in Trier? –

A⁷   **D**

Wie vie - le möch - ten Sie gern? – Ge - ben Sie mir vier.

D   **D⁷**   **G**

Ha - ben Sie auch Brief - mar - ken zu ei - ner Mark und zehn? –

D   **A⁷**   **D**   **G**   **D**

Nein, da müs - sen Sie zum Post - amt rü - ber - gehn.

12

Tourist: Haben Sie Ansichtskarten von dem Dom in Trier?
Verkäufer: Wie viele möchten Sie gern?
Tourist: Geben Sie mir vier.
            Haben Sie auch Briefmarken zu einer Mark und zehn?
Verkäufer: Nein, da müssen Sie zum Postamt rübergehn.

Verkäufer: Sonst noch etwas?
Tourist: Das ist alles. Danke schön.
Verkäufer: Sonst noch etwas?
Tourist: Das ist alles. Danke schön.
            Und wieviel kosten diese?
Verkäufer: Eine Mark und zehn.
Tourist: Wieviel kosten diese?
Verkäufer: Eine Mark und zehn.

Glossar

Haben Sie Ansichtskarten?	Do you have picture postcards?
von dem (vom) Dom in Trier	of Trier Cathedral
die Briefmarke, Briefmarken	stamp
Wie viele möchten Sie gern?	How many would you like?
Geben Sie mir vier.	Give me four.
auch	also
Briefmarken zu einer Mark und zehn	stamps for one mark and ten pfennigs
nein	no
Da müssen Sie zum Postamt rübergehn.	Go over there to the post office.
Sonst noch etwas?	Anything else?
Das ist alles.	That is all.
Danke schön.	Thank you.
Wieviel kosten diese?	How much are these?

Wiederholen Sie den Text!

Bitte, schreiben Sie:

müssen/Ansichtskarten/wie viele/Dom/mir/geben/zum Postamt/Briefmarken/gern

Tourist: Haben Sie _____ von dem _____ in Trier?

Verkäufer: _____ _____ möchten Sie _____ ?

Tourist: _____ Sie _____ vier.

Haben Sie auch _____ zu einer Mark und zehn?

Verkäufer: Nein, da _____ Sie _____ _____ rübergehn.

zehn/alles/wieviel/sonst noch etwas?/eine Mark/das/sonst noch etwas/kosten

Verkäufer: _____ _____ _____ ?

Tourist: _____ ist alles. Danke schön.

Verkäufer: _____ _____ _____ ?

Tourist: Das ist _____ . Danke schön.

Und _____ kosten diese?

Verkäufer: _____ _____ und zehn.

Tourist: Und wieviel _____ diese?

Verkäufer: Eine Mark und _____ .

12

die Briefmarke, -n	stamp, -s
die Zahnbürste, -n	toothbrush, -es
der Kuli, -s	pen, -s
die Schallplatte, -n	record, -s
wieviel	how much
wie viele	how many
Nein. Tut mir leid.	No. I am sorry.

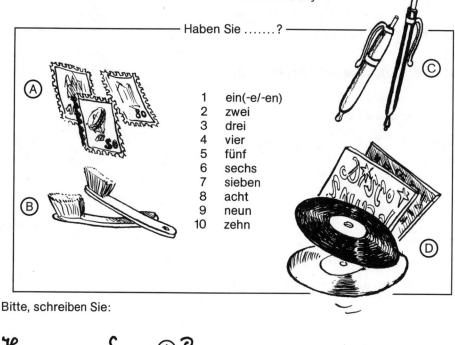

Haben Sie ....?

1 ein(-e/-en)
2 zwei
3 drei
4 vier
5 fünf
6 sechs
7 sieben
8 acht
9 neun
10 zehn

Bitte, schreiben Sie:

H _ _ _ _ _ S _ _ Ⓐ B _ _ _ _ _ _ _ _ _ _ n ?

Ja, w _ _ _ _ _ _ _ _ _ m _ _ _ _ _ _ _ _ _ _ _ gern?

⑩ _ _ _ _ .

Guten Tag. _ _ b _ n _ _ _ _ Ⓑ _ _ _ _ _ _ _ _ _ _ ?

Ja. Eine?

② _ _ _ _ _ bitte.

H _ _ _ _ _ S _ _ Ⓓ S c h _ _ _ _ _ _ _ _ _ _ _ ?

N _ _ _ _ . T _ _ m _ _ l _ _ _ .

Guten Tag. H _ _ _ _ _ S _ _ Ⓒ _ _ _ _ s ?

W _ _ _ _ _ _ _ _ Ⓒ H _ _ _ _ m _ _ _ _ _ _ S _ _ ?

⑤ _ _ _ _ _ bitte.

Viele Grüße aus Mexiko!

Melodie: *Mexikanischer Huttanz*
(Mexican Hatdance)

Vie - le   Grü - ße   aus   Me - xi - ko   Ci - ty   sen - den

Ih - nen   Hans - Pe - ter   und   Kit - ty.   Oh, das

Wet - ter   ist   hier   ganz   phan - ta - stisch.   Wir

schwim - men   und   lie - gen   am   Strand.

Liebe Frau Görzig,
viele Grüße aus Mexiko City
senden Ihnen Hans-Peter und Kitty.
Oh, das Wetter hier ist ganz phantastisch!
Wir schwimmen und liegen am Strand.

Morgen fliegen wir weiter nach Austin
und von Austin zu Freunden nach Boston.
Bitte, grüßen Sie Ihre Familie,
und hoffentlich sehen wir uns bald.

Glossar

Viele Grüße aus …	Greetings from … / Hello from …
senden Ihnen	are sending you
Das Wetter ist phantastisch.	The weather is fantastic.
ganz phantastisch	quite fantastic
Wir schwimmen.	We are swimming.
Wir liegen am Strand.	We are lying on the beach.
morgen	tomorrow
Wir fliegen weiter nach …	We are flying/going on to …
von Austin nach Boston	from Austin to Boston
zu Freunden	to friends
Bitte, grüßen Sie Ihre Familie.	Please, say hello to your familiy.
Hoffentlich seh'n (sehen) wir uns bald.	Hopefully we will see each other soon.

Wortjagd

Bitte, schreiben Sie:

LIEBE FRAU GÖRZIG,

VIELEXLIEBEXHERZLICHEXGRÜSSEXGLÜCKWÜNSCHEXXXXXX
AUSXXCALCUTTAXHAWAIXMECIKOXCITYXMÜNCHENXROMXX
SENDENXXIHNENXUNDXIHREMXMANNXUNDXIHRERXFAMILIEX
MAXXSCHMIDTXHERRXMOHRXHANS-PETERXUNDXINGEXKITTY
DASXWETTERXHIERXISTXFURCHTBARXSCHÖNXREGNERISCHX
AUSGEZEICHNETXHERRLICHXPHANTASTISCHXSCHLECHTXXXX
WIRXXLIEGENXXIMXBETTXSITZENXXANXXDERXBARXXSINDXX
KRANKXXSCHWIMMENXRAUCHENXUNDXLIEGENXXSITZENXXX
IMXHOTELXAMXOZEANXAMXMEERXAMXSTRANDXINXDERXXX
SONNEXXXXXXXXXXXXXXXXXXXXXXXXXXXXXXXXXXXXXXXXXXXX
HEUTEXXÜBERMORGENXMORGENXFAHRENXFLIEGENXXWIRXX
NACHXHAUSEXWEITERXXNACHXNACHXTEXASXXAUSTINXXXX
UNDXXVONXFLORENZXXKOPENHAGENXXAUSTINXXZUXEINEM
FREUNDXEINERXFREUNDINXFREUNDENXNACHXBOSTONXXXXX
BITTEXXGRÜSSENXXSIEXIHRENXMANNXIHREXKINDERXALLEXX
GROSSMUTTERXTANTEXIHRENXSCHWAGERXUNDXIHRENXXXX
SOHNXUNDXICHXHOFFEXWIRXHOFFENXHOFFENTLICHXXXXXX
SEHENXXWIRXXUNSXNICHTXINXEINEMXJAHRXBALDXXXXXXXX
XMONTAGXXNIEXXXXXXXXXXXXXXXXXXXXXXXXXXXXXXXXXXXX

13   Und hier können Sie weiterlernen!

Lieber Herr Schmidt,	Dear Mr Schmidt,
Liebe Frau Schmidt,	Dear Mrs Schmidt,
sendet Ihnen	is sending you
sendet Dir	
Dein Hans-Peter	Your Hans-Peter
Ihr Herr Blau	your Mr Blau

herrlich	magnificent
wunderbar	wonderful
schlecht	bad
furchtbar	horrible
Ich laufe viel Ski.	I ski a lot.
schlafen	to sleep
arbeiten	to work
(Grüße) Deinen Mann	your husband
Deine Frau	your wife
Deine Familie	your family
Deine Eltern	your parents

Schreiben Sie eine Ansichtskarte an Ihren Lehrer:
Write a postcard to your teacher:

Lieber Herr
Liebe Frau
Viele Grüße aus
sendet Ihnen
Ihr
Ihre

Schreiben Sie eine Ansichtskarte an einen guten Freund:
Write a postcard to a good friend:

Lieber
Liebe
Herzliche Grüße aus
sendet Dir
Dein
Deine

Das ist teuer!

Melodie: *Danze delle Ore*
von Ponchielli

Das ist teu - er, viel zu teu - er. Et - was
bil - li - ger, et - was bil - li - ger. Et - was
klei - ner. Et - was grö - ßer. Das ist
bes - ser, viel, viel bes - ser. Ja, das paßt.

14

1. Kunde:	Das ist teuer,	2. Kunde:	Etwas länger.
	viel zu teuer.	(Verkäufer)	Etwas länger.
	Etwas billiger.		Etwas enger.
	Etwas billiger.		Etwas enger.
	Etwas kleiner.		Etwas kürzer.
	Etwas größer.		Etwas kürzer.
	Das ist besser,		Das ist besser,
	viel, viel besser.		viel, viel, besser.
	Ja, das paßt.		Ja, das paßt.

Glossar

Das ist teuer.	That is expensive.
viel zu teuer	much too expensive
etwas billiger	somewhat cheaper
etwas kleiner	somewhat smaller
etwas größer	somewhat larger
Das ist besser.	That is better.
viel, viel besser	much, much better
Ja, das paßt.	Yes, that fits/suits.
etwas länger	somewhat longer
etwas enger	somewhat tighter
etwas kürzer	somewhat shorter

Wiederholen Sie den Text!

Bitte, schreiben Sie:

D __ __ i __ __ t __ __ __ __ __ .   E __ __ __ __ l __ __ __ __ __ __ .

V __ __ __ z __ t __ __ __ __ .   E __ __ __ __ e __ __ __ __ .

E __ __ __ __ b __ __ __ __ __ __ __ .   E __ __ __ __ k __ __ __ __ __ __ .

E __ __ __ __ k __ __ __ __ __ __ .   D __ __ i __ __ b __ __ __ __ __ .

D __ __ i __ __ b __ __ __ __ __ .   v __ __ __ , v __ __ __ b __ __ __ __ __ __ .

J __ , d __ __ p __ __ __ __ .   J __ , d __ __ p __ __ __ __ .

14

A Die Hose paßt!

B Die Hose ist zu teuer!

C Die Hose paßt nicht.
Sie ist zu groß.

D Die Hose ist zu eng.

Etwas größer bitte.

A Das Restaurant ist viel zu teuer.

B Das Steak ist billig.

C Die Pommes frites sind kalt.

D Das Restaurant ist elegant.

A Haben Sie den Hut etwas größer?

B Haben Sie den Hut etwas kleiner?

C Der Hut paßt gut.

D Der Hut ist zu teuer.

A Der Volkswagen ist größer.

B Der Mercedes ist kleiner.

C Der Mercedes ist viel zu teuer.

D Der Mercedes ist billiger.

Bitte, einmal Bonn hin und zurück!

Melodie: *Funiculi Funicula*

G⁷   Dm

Ein' Mo - ment, mein Herr, jetzt bin ich

G⁷

dran. Ein' Mo - ment, mein Herr, jetzt bin ich

C   E⁷   Am

dran. Ein' Mo - ment mal, ein' Mo - ment mal,

E⁷   Am   F

oh, jetzt bin ich dran. Ein' Mo - ment mal,

C   Dm   G⁷   C

ein' Mo - ment mal, oh, jetzt bin ich dran.

15

Frau Funiculi: Ein' Moment, mein Herr. Jetzt bin ich dran.
Ein' Moment, mein Herr. Jetzt bin ich dran.
Ein' Moment mal.
Ein' Moment mal.
Oh, jetzt bin ich dran.
Ein' Moment mal.
Ein' Moment mal.
Oh, jetzt bin ich dran.

Bitte, einmal Bonn hin und zurück!
Bitte, einmal Bonn hin und zurück!
Beamter: Erster Klasse?
Zweiter Klasse?
Einfach oder nicht?
Erster Klasse?
Zweiter Klasse?
Einfach oder nicht?

Frau Funiculi: Bitte, einmal Bonn hin und zurück!
Bitte, einmal Bonn hin und zurück!
Intercity.
Erster Klasse.
Ja, hin und zurück.
Intercity.
Erster Klasse.
Ja, hin und zurück.

Glossar

Ein Moment, mein Herr…	One moment, Sir …
Jetzt bin ich dran.	It's my turn.
einmal	once
Moment mal	just one moment
jetzt	now
bitte	please
einmal Bonn hin und zurück	one roundtrip ticket to Bonn
erster Klasse	first class
zweiter Klasse	second class
einfach	simple; here: one way

Wortjagd

EINENXXXAUGENBLICKXXXEINENX
MOMENTXXMEINEXXXXDAMEXXEIN
XXMEINXXHERRXXVERZEIHUNGXX
ENTSCHULDIGUNGXXHEUTEXXNUN
XXJETZTXXXISTXXERXXSIEXESXXX
XXSINDXXXXWIRXXIHRXXSIEXXXXX
JETZTXXXBINXXXICHXXDABEIXXXX
DAVORXXDRANXXMOMENTXXMAL
DASXXSTIMMTXXXNICHTXXJETZTX
XBINXXXICHXXDRANXXWIEXXXXXX
BITTEXXICHXXBINXXXDRANXJAXX
BITTEXXXEINMALXXXHAMBURGXX
XFRANKFURTXXHEIDELBERGXXXX
LORELEIXXXHOFBRÄUHAUSXJAXX
OKTOBERFESTXXXBONNXXHINXXX
UNDXXXXHERXXUNDXXVORXUNDX
ZURÜCKXERSTERXXKLASSEXXNIE
XXZWEITERXXKLASSEXXDRITTERX
XXXKLASSEXXBONNXXHINXXUNDX
ZURÜCKXXDZUGXTEEXPERSONEN
ZUGXXINTERCITYXERSTERXJAXXX
XXKLASSEXXMITXXZUSCHLAGXXX
JAXXHINXXUNDXXXZURÜCKXNEINX
XJAXXHINXXUNDXZURÜCKXWANN
XXHEUTEXXDANKEXXBITTEXAUFXX
WIEDERSEHENXXGUTEXXREISEXXX

einmal	1 ×	once, one ticket
zweimal	2 ×	twice, two tickets
dreimal	3 ×	three times, three tickets
einfach	→	simple; here: one way
hin und zurück	⇄	to and fro; here: round trip
erster Klasse	1. Kl.	first class
zweiter Klasse	2. Kl.	second class
Intercity	IC	express train (that only stops in major cities)
Eilzug	E	local train
Schnellzug	S	express train
Beamter		ticket clerk, official

Bitte, schreiben Sie:

Herr Schnell: — — — — — — Rom — — —   — — —   — — — — — .
  2×

Beamter: — — — — — — — — — — — — — — — oder — — — — — — —
  1. Kl.

— — — — — .
2. Kl.

Herr Schnell: Bitte, — — — — — — — — — — — — .
  1. Kl.

Beamter: — — — — — — oder — — — — — — — — — — ?
  E   S

Herr Schnell: — — — — — — — — — — bitte.
  S

Beamter: Bitte schön?

Frau Hurtig: — — — — — Köln — — — — — — — .
  1×   →

— — — — — — — , — — — — — — — — — — — — .
  E   2. Kl.

Herr Renner: — — — — — — — — — — — — — — nach München
  2×   IC

— — — und — — — — — — .
  ⇄

Geht dieser Zug nach Frankfurt?

Melodie: *Mein Hut, der hat drei Ecken*
    (Italienisches Volkslied)

Geht die - ser Zug nach Frank - furt? — Nein,

nein, der geht nach Trier. — Wann geht ein Zug nach

Frank - furt? — Um fünf - zehn Uhr, Gleis vier.

16

Herr Hinz: Geht dieser Zug nach Frankfurt?
Auskunft: Nein, nein, der geht nach Trier.
Herr Hinz: Wann geht ein Zug nach Frankfurt?
Auskunft: Um fünfzehn Uhr, Gleis vier.

Herr Hinz: Geht dieser Zug nach Frankfurt?
Auskunft: Nein, nein, der geht nach Mainz.
Herr Hinz: Wann geht der Zug nach Frankfurt?
Auskunft: Um 16 Uhr, Gleis eins.

Herr Hinz: Wo geht der Zug nach Frankfurt?
Auskunft: Dort drüben auf Gleis eins.
Herr Hinz: Und wann ist er in Frankfurt?
Auskunft: Genau um 20 Uhr eins.

Glossar

Geht dieser Zug nach …?	Does this train go to …?
Nein, der (Zug) geht nach Mainz.	No, this one goes to Mainz.
Wann geht ein Zug nach …?	When does a train go to …?
um 16 Uhr	at 4 p.m.
Gleis 1 (eins)	track one
wo?	where?
dort drüben	over there
Wann ist der Zug in …?	When does the train arrive in …?
genau	exactly
um 20 Uhr eins	at 8:01 p.m.

Kuddelmuddel

Bitte, schreiben Sie:

Herr Hinz: Zug/nach/München/geht/dieser

— — — —   — — — — — —   — — —   — — — —

— — — — — — —?

Auskunft: Koblenz/nein/nein/nach/geht/der

— — — — —,   — — — —,   — — —   — — — —   — — — —

— — — — — — —.

Herr Hinz: München/geht/wann/Zug/ein/nach

— — — —   — — — —   — — —   — — —   — — — —

— — — — — — —?

Auskunft: sechzehn/eins/Gleis/Uhr/um

— —   — — — — — — —   — — —   — — — —

— — — —.

Herr Hinz: der/wo/geht/München/Zug/nach

— —   — — — —   — — —   — — —   — — — —

— — — — — — —?

Auskunft: drüben/dort/Gleis/auf/eins

— — — —   — — — — — —   — — —   — — — —

— — — —.

Herr Hinz: ist/Zug/wann/München/in/der

— — — —   — — —   — — —   — — —   — —

— — — — — — —?

Auskunft: zwanzig/eins/genau/Uhr/um

— — — — —   — —   — — — — — — —   — — —

— — — —.

der/dieser	Bus	bus	neun	nine
der/dieser	Flug	flight	zehn	ten
die/diese	U-Bahn	subway	elf	eleven
die/diese	Straßenbahn	streetcar		

Ich will zur Frankfurter Straße.
Könnten Sie mir bitte sagen, wo ich
  aussteigen muß?

I want to go to Frankfurter street.
Could you please tell me where I have
  to get off?

Bitte, schreiben Sie:

Frau Karlson:	Verzeihung! Geht dieser ＿ ＿ ＿ nach Heidelberg?
Auskunft:	Nein, dieser ＿ ＿ ＿ geht nach Stuttgart.
Frau Karlson:	Wann geht der nächste ＿ ＿ ＿ nach Heidelberg?
Auskunft:	Der nächste ＿ ＿ ＿ geht um ＿ ＿ ＿ Uhr.
Frau Karlson:	Danke schön!
Auskunft:	Bitte!

Herr Wong:	Ist das der ＿ ＿ ＿ ＿ nach Hong Kong?
Auskunft:	Oh, nein. ＿ ＿ ＿ ＿ ＿ Flug geht nach Rom.
	Der nächste ＿ ＿ ＿ ＿ nach Hong Kong geht um ＿ ＿ ＿ ＿ .

Herr Lefort:	Ich will ＿ ＿ ＿ Frankfurter Straße. Geht diese ＿ - ＿ ＿ ＿ ＿
	zur Frankfurter Straße?
Dame:	Ja.
Herr Lefort:	Könnten Sie mir bitte sagen, ＿ ＿ ich
	＿ ＿ ＿ ＿ ＿ ＿ ＿ ＿ ＿ muß?
Dame:	Gern.
Herr Lefort:	Danke!
Dame:	Bitte schön!

Melodie: *Alouette (Kanadisches Volkslied)*

Lei - der hab' ich kei - ne Re - ser - vie - rung.

Hab'n Sie noch ein Dop - pel - zim - mer frei? — Wie

vie - le Näch - te? — Wenn's geht, drei. Wenn's geht, bis zum

sieb - ten Mai. — Und mit Bad? — Ja, mit Bad. —

Früh-stück auch? — Früh-stück auch. — Al - les klar? — Wun-der- bar!

17

Herr Lerch:	Leider hab' ich keine Reservierung.
	Haben Sie noch ein Doppelzimmer frei?
Empfang:	Wie viele Nächte?
Herr Lerch:	Wenn's geht, drei.
	Wenn's geht, bis zum siebten Mai.
Empfang:	Und mit Bad?
Herr Lerch:	Ja, mit Bad.
Empfang:	Frühstück auch?
Herr Lerch:	Frühstück auch.
Empfang:	Alles klar!
Herr Lerch:	Wunderbar!

Herr Lerch:	Wieviel kostet dieses Doppelzimmer?
Empfang:	Hundertfünfundzwanzig Mark pro Nacht.
	Bitte, füllen Sie das aus.
	Bitte, füllen Sie das aus.
	Name hier.
	Name hier.
	Anschrift da.
	Anschrift da.
Herr Lerch:	Alles klar!
Empfang:	Wunderbar!

Glossar

Haben Sie noch ein Doppelzimmer frei?	Do you still have a double room available?
leider	unfortunately
Ich hab' (habe) keine Reservierung.	I don't have a reservation.
Wie viele Nächte?	How many nights?
Wenn's (wenn es) geht, drei.	Three, if possible.
bis zum 7. Mai	until May 7
und mit Bad	and with bath
(das) Frühstück	breakfast
Alles klar.	All set.
wunderbar	wonderful
Wieviel kostet dieses Zimmer?	How much does this room cost?
hundertfünfundzwanzig Mark	125 marks
pro Nacht	per night
Bitte, füllen Sie das hier aus.	Please, fill this in.
Name hier.	Your name here.
Anschrift da.	Address there.

Bitte, schreiben Sie:

Herr Lerch: *Leider* _____ *ich* _____ _____ .

_____ *Sie* _____ *ein* _____ _____ ?

Empfang: Wie viele Nächte?

Herr Lerch: *Wenn's* _____ , (3) _____ .

Empfang: Und mit Bad?

Herr Lerch: _____ , _____ _____ .

Empfang: Frühstück auch?

Herr Lerch: _____ _____ .

Empfang: Alles klar!

Herr Lerch: _____ ! –

Wieviel _____ _____ _____ ?

Empfang: Hundertfünfzig Mark pro Nacht.

Bitte, füllen Sie das aus! Name hier. Anschrift da.

Herr Lerch: _____ *klar* !

Empfang: Wunderbar!

Reservieren Sie ein Zimmer!

Bitte, schreiben Sie:

1 Bad 2 Dusche – shower 3 Doppelzimmer 4 Einzelzimmer – single room
5 Frühstück 6 Mittagessen – lunch 7 sieben

Gast: Ein (4) _ _ _ _ _ _ _ _ _ _ _ _ _ für _ _ _ _ _ Nächte.

Empfang: Mit (1) _ _ _ oder mit (2) _ _ _ _ _ _?

Gast: Mit (1) _ _ _ .

Empfang: Mit (5) _ _ _ _ _ _ _ und (6) _ _ _ _ _ _ _ _ _ _ ?

Gast: Mit (5) _ _ _ _ _ _ _ , ohne (6) _ _ _ _ _ _ _ _ _ .

18 Ich komm' morgen nach Lausanne

Melodie: *Mariann (Kalypso)*

D   Bm   Em

Hal - lo,   hier spricht   Man - fred Mann.

A⁷   D

Ich   ruf'   jetzt aus   Frank - furt   an.

Bm   Em

Ich   komm'   mor - gen   nach Lau - sanne. —

A⁷   D

Wann? — Ich   komm'   um   sie - ben   an.

Herr Mann:	Hallo! Hier spricht Manfred Mann.
	Ich ruf' jetzt aus Frankfurt an.
	Ich komm' morgen nach Lausanne.
Frau Trapp:	Wann?
Herr Mann:	Ich komm' um sieben an.

Am nächsten Tag

Herr Mann:	Hallo! Hier spricht Manfred Mann.
	Ich ruf' jetzt vom Bahnhof an.
	Wie komm' ich zur Pension Trapp?
Frau Trapp:	Warten Sie! Ich hol' Sie ab.

Frau Trapp:	Ich treff' Sie am Ausgang A.
Herr Mann:	Ich bin groß. Hab' blondes Haar.
Frau Trapp:	Geht in Ordnung. Alles klar.
	Bin in zehn Minuten da.

Glossar

Hallo! Hier spricht …	Hello! This is …
Ich ruf' (rufe) jetzt aus Frankfurt an.	I'm calling from Frankfurt.
Ich komm' (komme) nach …	I'm coming to …
morgen	tomorrow
Ich komm' (komme) um … an	I will arrive at …
Wann?	When?
vom Bahnhof	from the train station
Wie komm' ich zur Pension …?	How do I get to the … guest-house?
die Pension	pension, guest-house, boarding house
Warten Sie!	Wait!
Ich hol' Sie ab.	I will pick you up.
Ich treff' (treffe) Sie am Ausgang A.	I will meet you at exit A.
Ich bin groß.	I am tall.
blondes Haar/blonde Haare	fair hair
Geht in Ordnung!	O.K., all settled, alright
Ich bin in zehn Minuten da.	I will be there in ten minutes.

Vereinbaren Sie einen Treffpunkt mit jemand, den Sie nicht kennen, und beschreiben Sie sich.
Arrange a meeting place with somebody you don't know and describe yourself to him/her.

vom Büro	from the office	dunkles Haar	dark hair
vom Flughafen	from the airport	langes Haar	long hair
von der Mozartstraße	from Mozart Street	die Glatze	bald head
am Flughafen	at the airport	Ich habe einen Bart.	I have a beard.
beim Eingang	at the entrance	Ich trage einen blauen	
Können wir uns		Anzug.	I'm wearing a blue suit.
treffen?	Can we meet?	einen braunen Mantel	a brown coat
in der Empfangshalle	in the reception hall	eine schwarze Jacke	a black jacket
Ich warte auf Sie/Dich.	I am waiting for you.	eine grüne Hose	green pants/trousers
Ich bin mittelgroß.	I am medium size.	eine weiße Bluse	a white blouse
klein	short	eine Brille	glasses/spectacles

A
Hallo. Hier spricht

Herr _____

Frau _____

Fräulein _____

B
Ich rufe jetzt

vom Büro
vom Bahnhof
vom Flughafen
vom Park-Hotel
von der Mozartstraße

an.

C
Können wir uns

am Marktplatz
am Bahnhof
am Flughafen
im Park-Hotel
in der Mozartstraße

treffen?

D
Ich warte

bei der Information.
beim Ausgang.
beim Eingang.
bei der Lufthansa.
bei der Post.
in der Empfangshalle.

E
Ich bin

klein
mittelgroß
groß

F
Ich habe

blondes Haar.
dunkles Haar.
langes Haar.
Glatze.
einen Bart.

G
Ich trage

einen blauen Anzug.
einen braunen Mantel.
eine schwarze Jacke.
eine grüne Hose.
eine weiße Bluse.
eine Brille.

Bitte, schreiben Sie:

A *Hallo, hier spricht* ..... . B _____

C _____ ? D _____ E _____

F _____ G _____

Wiederholen Sie den Text!

Wer?	Who?	Um wieviel Uhr?	At what time?
Von wo?	Where from?	Wie erkenne ich Sie?	How do I recognize you?
Wann?	When?		

Bitte, schreiben Sie:

Frau Trapp: Wer spricht da?

Herr Mann: *Hier* *spricht* _____ _____ .

Frau Trapp: Von wo rufen Sie an?

Herr Mann: *Ich* _____ *jetzt* ____ *Frankfurt* ____ .

Ich komme nach Lausanne.

Frau Trapp: Wann kommen Sie nach Lausanne?

Herr Mann: ____ *komme* _____ ____ *Lausanne* ____ .

Frau Trapp: Um wieviel Uhr kommen Sie an?

Herr Mann: ____ *komme* ____ *sieben* ____ .

Am nächsten Tag

Frau Trapp: Wer ist am Apparat?

Herr Mann: *Hier* _____ _____ _____ .

Frau Trapp: Ach, Herr Mann! Von wo rufen Sie jetzt an?

Herr Mann: *Ich* _____ *jetzt* ____ *Bahnhof* ____ .
Wie _____ _____ _____ ?

Frau Trapp: Warten Sie. *Ich* ____ *Sie* ____ .

Herr Mann: Wo treffe ich Sie?

Frau Trapp: ____ *treffe* ____ ____ *Ausgang A* .

Wie erkenne ich Sie?

Herr Mann: ____ ____ *groß* . ____ ____ *blondes* ____ .
Wann _____ ____ ____ ?

Frau Trapp: Ich _____ _____ _____ .

81

19 Wann wollen wir uns treffen?

Melodie: *On Top of Old Smokey*
(Amerikanisches Volkslied)

Wann woll'n wir uns tref - fen? —

Am Frei - tag um vier.

Am Frei - tag nach - mit - tag.

Nach - mit - tag um vier.

Am Frei - tag, da geht's nicht,

denn ich muß nach Trier.

Am Sams - tag geht's bes - ser.

Gut. Sams - tag um vier.

Herr von Nebenan: Wann woll'n wir uns treffen?
Frau von Gegenüber: Am Freitag um vier.
Am Freitag nachmittag.
Nachmittag um vier.
Herr von Nebenan: Am Freitag, da geht's nicht,
denn ich muß nach Trier.
Am Samstag geht's besser.
Frau von Gegenüber: Gut. Samstag um vier.

Herr von Nebenan: Wo woll'n wir uns treffen?
Frau von Gegenüber: Am besten bei mir.
Herr von Nebenan: Wie ist die Adresse?
Frau von Gegenüber: Alleestraße vier.

Glossar

Wann woll'n (wollen) wir uns treffen?	When shall we meet?
Am Freitag um vier.	On Friday at four p.m.
nachmittag	afternoon
Am Freitag, da geht's nicht.	I cannot make it on Friday.
Ich muß nach Trier.	I have to go to Trier.
Am Samstag geht's besser.	On Saturday is better.
Gut, Samstag um vier.	Fine, Saturday at four p.m.
Wo?	Where?
Am besten bei mir.	It's best at my house.
Wie ist die Adresse?	What is your address?

Bitte, schreiben Sie:

Wortjagd

- ● WANNXWIEXWERXWOLLENXDUXSIEXERXICHXWIRX
UNSXMICHXIHNXSIEXMICHXUNDXIHNXUNDXXXXXX
SEHENXANRUFENXABHOLENXTREFFENXSEHENXXX

- ○ AMXMONTAGXDIENSTAGXFREITAGXMITTWOCHX
XUMXDREIXEINSXACHTXUHRXHALBXEINSXVIERXX
AMXSONNTAGXSAMSTAGXFREITAGXNACHMITTAG
MORGENXABENDXNACHMITTAGXUMXVIERXEINSX

- ○ AMXMONTAGXDONNERSTAGXFREITAGXMONTAGX
GEHT'SXGUTXDAXGEHTSXNICHTXSCHLECHTXGUT
DENNXDUXWIRXICHXMUSSXXXNACHXTRIERXROM
AMXDONNERSTAGXWOCHENENDEXSAMSTAGXXDA
GEHT'SXXNICHTXSOXGUTXXBESSERXSCHLECHTX

- ○ NEINXGUTXJAXVIELLEICHTXSAMSTAGXNEINXXXXX
UMXDREIXEINSXHALBXEINSXACHTXUHRXVIERXXX

- ● XJAXWOXWOLLENXWOLLTXXWILLSTXWIRXUNSXX
SEHENXWIEDERSEHENXTREFFENXANRUFENXXXXX

- ○ AMXBESTENXBEIXDIRXIHRXIHMXMIRXUNSXXXXXX

- ● WIEXISTXDEINEXIHREXDIEXADRESSEXNAMEXXXXX

- ○ BISMARKPLATZXDREIXALLEESTRASSEXXVIERXXX
NORDSTRASSEXDREIXBERLINERXALLEEXZEHNXXX

Und hier können Sie weiterlernen!

sehen	to see
küssen	to kiss
Montag	Monday
Dienstag	Tuesday
Mittwoch	Wednesday
eins	one
drei	three
neun	nine
was	what
am Hauptbahnhof	at the central railway station
im Park	in the park
in meinem Büro	in my office

Verabreden Sie sich mit jemandem!
Make an appointment with someone!

Bitte, schreiben Sie:

Wann wollen wir uns _____ ?   küssen/sehen/treffen

Am _____   Montag/Dienstag/Mittwoch

um _____ .   eins/drei/fünf

Am Montag, da geht's nicht,

denn ich muß nach _____ .   Berlin/Paris/New York

Am _____ geht's besser.   Montag/Dienstag/Mittwoch

Gut. Am Mittwoch um fünf.

_____ wollen wir uns treffen?   Was?/Wann?/Wo?

_____   am Hauptbahnhof/im Park/in meinem Büro

20 Können Sie mir bitte helfen?

Melodie: *Tom Dooley (Amerikanisches Cowboylied)*

F
Kön - nen Sie mir bit - te hel - fen?

F   C⁷
Ich kenn' mich hier nicht aus.   Sa - gen Sie, bin ich hier

C⁷   F
rich - tig?   Bin ich im richt' - gen Haus?

Tom Dooley: Können Sie mir bitte helfen?
Ich kenn' mich hier nicht aus.
Sagen Sie, bin ich hier richtig?
Bin ich im richtigen Haus?

Tom Dooley: Ich will zum Domplatz dreizehn.
Frau: Das hier ist Domplatz zehn.
Dreizehn ist gegenüber.
Das hier ist Domplatz zehn.

Tom Dooley: Können Sie mir bitte helfen?
Ich will zur Firma Block.
Fräulein: Nehmen Sie dort den Fahrstuhl.
Fahren Sie zum dritten Stock.

Glossar

Können Sie mir bitte helfen?	Can you please help me?
Ich kenn' (kenne) mich hier nicht aus.	I don't know my way around here.
Sagen Sie! Bin ich hier richtig?	Tell me, is this the correct address?
Bin ich im richtigen Haus?	Am I in the right building?
Ich will zum Domplatz dreizehn.	I want to go to Cathedral Square 13.
Das hier ist Domplatz zehn.	This is Cathedral Square 10.
Ich will zur Firma Block.	I want to go to Block Company.
Nehmen Sie dort den Fahrstuhl.	Take the elevator over there.
Fahren Sie zum dritten Stock.	Go to the 3rd floor.

Wiederholen Sie den Text!

Bitte, schreiben Sie:

Tom Dooley: K _ _ _ _ _ _ Sie m _ _ bitte h _ _ _ _ _ ?

I _ _ kenn' m _ _ _ hier nicht a _ _ .

S _ _ _ _ Sie, b _ _ ich h _ _ _ r _ _ _ _ _ _ ?

B _ _ ich im richtigen H _ _ _ ?

Tom Dooley: Ich w _ _ _ z _ _ Domplatz (13) _ _ _ _ _ _ _ .

Frau: Das h _ _ _ ist Dom _ _ _ _ _ (10) _ _ _ _ .

D _ _ _ _ _ _ (13) ist g _ _ _ _ _ _ _ _ .

Das h _ _ _ i _ _ Domplatz (10) _ _ _ _ .

Tom Dooley: Können S _ _ mir b _ _ _ helfen?

I _ _ w _ _ _ z _ _ Firma Block.

Fräulein: N _ _ _ _ _ S _ _ d _ _ _

den F _ _ _ _ _ _ _ _ .

F _ _ _ _ _ S _ _ z _ _ dritten S _ _ _ _ .

Und hier können Sie weiterlernen!

Bin ich	im richtigen	Büro?	Am I in the right office?
sind wir			Are we
		Bus	bus
		Gebäude	building
		Zimmer	room
		Zug	train
	in der richtigen	Bahn	train/tram/streetcar
		Reihe	row/tier
		Straße	street
	auf dem richtigen	Weg	way, road
	auf der richtigen	Autobahn	highway

Können Sie mir sagen,
 wann ich aussteigen
 muß?   Can you tell me when I have to get off?

○ Ich will zu Mercedes.

 Bin ich hier __ __ __ __ __ __ __ __ __ __ __ __ __ __ __ __ ?
● Nein, das hier ist die Deutsche Bank.

△ Ich will nach Berlin.

 Bin ich __ __ __ __ __ __ richtigen __ __ __ __ __ __ __ ?

▲ Ja, das ist die Autobahn nach Berlin.

□ Können Sie mir bitte helfen? Ich kenne mich hier nicht aus.
 Ich will zur Goethestraße.

 Bin ich __ __ __ __ __ richtigen __ __ __ __ ?
■ Nein, nehmen Sie dort die Nummer dreizehn.

◇ Ich kenne mich hier nicht aus. Können Sie mir bitte helfen?
 Ich will nach Düsseldorf.

 Bin ich __ __ __ __ __ __ __ __ __ __ __ __ __ ?

◆ Ja, das ist der Zug nach Düsseldorf.

◇ Können S __ __ __ m __ __ __ sagen, __ __ __ __ __

 ich __ __ __ __ __ __ __ __ __ __ __ muß?

◆ Natürlich.

21 Wunderbar *Melodie: Cielito Lindo (Mexikanisches Liebeslied)*

Wun - der - bar! Ein - fach fa - bel - haft!

Das ge - fällt mir gut. Ganz phan -

ta - stisch! Wie ge - fällt Ih - nen das

Au - to da? — Nicht ganz mein Ge - schmack.

Zu bom - ba - stisch. — Nein,

nein, nein, nein. Das ist un -

mög - lich! Oh, mein Gott,

nein, das ge - fällt mir nicht. Das ist

fürch - ter - lich. Das ist un - mög - lich.

Fräulein Berg: Wunderbar!
Einfach fabelhaft!
Das gefällt mir gut.
Ganz phantastisch!
Wie gefällt Ihnen das Auto da?

Frau Vogel: Nicht ganz mein Geschmack.
Zu bombastisch.

Herr Schön: Nein, nein, nein, nein.
Das ist unmöglich!
Oh, mein Gott, nein, das gefällt mir nicht
Das ist fürchterlich.
Das ist unmöglich.

Glossar

wunderbar	wonderful
einfach fabelhaft	simply fabulous
Das gefällt mir sehr.	I like that very much.
ganz phantastisch	quite fantastic
Wie gefällt Ihnen das Auto?	How do you like that car?
da	there, over there
nicht ganz mein Geschmack	not quite my taste
zu bombastisch	too bombastic
Oh, mein Gott	Oh, my God
Nein, das gefällt mir nicht.	No, I don't like that.
Das ist fürchterlich.	That's horrible.
unmöglich	impossible

die Stadt	city
das Zimmer	room
das Wetter	weather
der Mantel	coat
das Bild	picture

.... gefällt mir.

.... nicht mein Geschmack.

.... gefällt mir nicht.

.... fürchterlich.

○ Wie gefällt Ihnen die Stadt? ● D _ _ S _ _ _ _ _ g _ _ _ _ _ _ _

m _ _ .

○ Wie gefällt Ihnen das Zimmer? ● D _ _ Z _ _ _ _ _ g _ _ _ _ _ _

m _ _ .

○ W _ _ g _ _ _ _ _ _ _

I _ _ _ _ _ das Wetter? ● F _ _ _ _ _ _ _ _ _ _ _ _ _ _ _ !

○ W _ _ g _ _ _ _ _ _

I _ _ _ _ _ der Mantel? ● D _ _ M _ _ _ _ _ _

ist _ _ _ _ _ _ m _ _ _ G _ _ _ _ _ _ _ _ _ .

○ Wie gefällt Ihnen das Bild? ● D _ _ B _ _ _ g _ _ _ _ _ _

m _ _ n _ _ _ _ .

Wortjagd

Bitte, schreiben Sie:

GUT		TOLL		WUNDERBAR		NETT
EINFACH		GANZ	SEHR			GUT
TOLL		FABELHAFT		TOLL		
GANZ		PRIMA	PHANTASTISCH			
WIE	WO	WAS	GEFÄLLT		DIR	
EUCH		IHNEN	DEUTSCHLAND			
DAS		SOFA	HAUS	AUTO	DA	

TOLL		NICHT		SO	GANZ	FEIN
MEIN		GUSTO	GESCHMACK			
ZU	GROSS		BOMBASTISCH			

JA	JA	JA	NEIN		NEIN	JA
NEIN		NEIN		DAS	IST	GUT
SCHLECHT		UNMÖGLICH		ACH		
O	MEIN	FREUND	GOTT		DAS	
IST	GEFÄLLT	UNS	MIR		JA	
NICHT	DAS		IST	NICHTS		
FÜR	MICH	FÜRCHTERLICH				
DAS	IST	HÄSSLICH	TOLL			
PRIMA	UNMÖGLICH		KLASSE			

22 Können wir uns duzen?

Melodie: *Chapanecas (Mexikanisches Volkslied)*

Ich fin - de Sie nett. — Ich Sie auch. —

Ich mag Sie sehr gern. — Ich Sie auch. —

Sie sind mir sym - pa - thisch. — Oh, ja?

Könn'n wir uns du - zen? — Na klar!

Sie: Ich finde Sie nett.
Er: Ich Sie auch.
Sie: Ich mag Sie sehr gern.
Er: Ich Sie auch.
Sie: Sie sind mir sympathisch.
Er: Oh, ja?
Sie: Können wir uns duzen?
Er: Na klar!

Er: Ich finde dich nett.
Sie: Ich dich auch.
Er: Ich mag dich sehr gern.
Sie: Ich dich auch.
Er: Du hast schöne Augen.
Sie: Oh, ja?
Er: Ich hab' mich verliebt!
Sie: 's war mir klar.

Glossar

Ich finde Sie/dich nett.	I like you.
Ich mag Sie/dich sehr gern.	I like you very much.
Ich Sie/dich auch.	I do, too.
Sie sind mir sympathisch.	You appeal to me.
Oh ja?	Oh, yea?
Können wir uns duzen?	Can we use the familiar "du"?
Na klar.	Sure, why not.
Du hast schöne Augen.	You have beautiful eyes.
Ich hab' (habe) mich verliebt.	I have fallen in love.
's (Es) war mir klar.	It was clear to me.

Kuddelmuddel

Bitte, schreiben Sie:

Sie: finde/Sie/ich/nett

___ ____ ___ ____.

Er: auch/Sie/ich

___ ___ ___.

Sie: sehr/ich/gern/mag/Sie

___ ___ ___ ____ ____.

Er: ich/Sie/auch

___ ___ ___.

Sie: mir/Sie/sind/sympathisch

___ ____ ___ _____.

Er: Oh, ja?

Sie: duzen/wir/uns/können

_____ ___ ___ _____?

Er: Na klar!

Ergänzen Sie!

Er: I __ __   f _____   d ____   n ____ .

Sie: I __ __   d ____   a ____ .

Er: I __ __   m __ __   d ____   s ____   g ____ .

Sie: I __ __   d ____   a ____ .

Er: D __   h ____   s _____   A _____ .

Sie: O __ ,   j __ ?

Er: I __ __   h __ __   m ____   v _____ .

Sie: 's w __ __   m __ __   k ____ !

Und hier können Sie weiterlernen!

Wie finden Sie Herrn Bär?	How do you like Mr. Bär?
Frau Blau	Mrs. Blau
attraktiv	attractive
arrogant	arrogant
charmant	charming
lustig	funny
unsympathisch	unpleasant
ihn	him
sie	her

Bitte, schreiben Sie:

Wie finden Sie Herrn Bär?

Ich finde ihn _____

Wie finden Sie Frau Blau?

Ich finde sie _____

Wie finden Sie Fräulein Klein?

_____

Wie finden Sie Herrn Danzer?

Ich finde Herrn Danzer _____

Wie finden Sie Fräulein Berg?

Ich finde sie _____

Wie finden Sie Herrn Watanabe?

Ich finde ihn _____

23 Haben Sie meinen Schirm gesehen?

Melodie: *Can Can (Aus "Orpheus in der Unterwelt" von Jacques Offenbach)*

Kön-nen Sie mir bit-te hel-fen? Hab'n Sie meinen Schirm ge-seh'n?

Ich hab' ihn hier ste-hen las-sen. Hab'n Sie meinen Schirm ge-sehn? —

Ja, wie sieht Ihr Schirm denn aus? — Er ist klein und dun-kel-blau. —

Ist er das hier? —Ja, das ist er. Ja, das ist er, ganz ge-nau.

Herr Knirps: Können Sie mir bitte helfen?
Hab'n Sie meinen Schirm geseh'n?
Ich hab' ihn hier stehen lassen.
Hab'n Sie meinen Schirm geseh'n?

Fräulein: Ja, wie sieht Ihr Schirm denn aus?
Herr Knirps: Er ist klein und dunkelblau.
Fräulein: Ist er das hier?
Herr Knirps: Ja, das ist er.
Ja, das ist er ganz genau.

Glossar

Können Sie mir bitte helfen?	Can you please help me?
Haben Sie meinen Schirm gesehen?	Have you seen my umbrella?
Ich hab' (habe) ihn hier stehen lassen.	I left it (standing) here.
Wie sieht Ihr Schirm denn aus?	What does your umbrella look like?
Er ist klein und dunkelblau.	It is small and dark blue.
Ist er das hier?	Is it this one?
Das ist er, ganz genau.	Exactly, that's it.

Wortjagd

Bitte, schreiben Sie:

```
WÜRDENXXKÖNNENXXWOLLENXXKANNSTXXSIEXMIRX
BITTEXXSAGENXERKLÄRENXXEMPFEHLENXHELFENXX
HASTXXXDUXHABENXXXSIEXXVIELLEICHTXEINENXXXX
SEINENXXMEINENXXXFREUNDXXSCHIRMXXWAGENXXX
GEFUNDENXXXGESEHENXXXGESTOHLENXXHIERXXXX
WIRXICHXERXSIEXHABXXIHNXHIERXXINXXDERXXXXXX
ECKEXXXSTEHENXLASSENXLIEGENLASSENXXSAGXXX
HASTXXDUXXXHABENXXSIEXXMEINENXXSCHIRMXXX
GESTOHLENXXXGEFUNDENXXGESEHENXVERSCHENKT


ALSOXXJAXWIEXXSIEHTXXIHRXFREUNDXXSCHIRMXXX
EIGENTLICHXXDENNXXXAUSXBESCHREIBENXSIEXXXX


ERXXWARXISTXGROSSXXMITTELGROSSXKLEINXXXXX
UNDXALTXGELBXSCHWARZXDUNKELBLAUXKAPUTTXX
SAGENXXSIEXXBITTEXXISTXESXERXDASXDORTXXXXX
HIERXXXINXXXDERXECKEXIMXSCHLAFZIMMERXXXXXX


NEINXXDASXISTXXERXNICHTXXJAXDASXISTXXXERXXX
JAXXDASXXISTXXMEINXREGENSCHIRMXGANZXGENAU
```

Und hier können Sie weiterlernen!

der Paß	passport	das Buch	book
der Wagen	car	das Portemonnaie	wallet
der Hund	dog	das Geld	money
die Tasche	bag	Welche Farbe?	What colour?
die Katze	cat		

Bitte, schreiben Sie:

○ Können Sie mir bitte helfen?

Haben Sie meinen _ _ _ _ _ gesehen?

Ich habe ihn hier _ _ _ _ _ _

_ _ _ _ _ _ .

● Wie sieht Ihr _ _ _ _ _ aus und welche Farbe
hat er?

Er ist _ _ _ _ _ und _ _ _ _ _ _ .

△ Können Sie mir bitte helfen?

Haben Sie meine _ _ _ _ _ _ gesehen?

▽ Haben Sie mein _ _ _ _ _ _ _ _ _ _
gesehen?

● Ist es das hier?

Ja, das ist es.

24 Na, was tut denn weh?

Melodie: *Polly Wolly Doodle (Englisches Volkslied)*

Na, was tut denn weh? Na, was tut denn weh? — Oh, mein Hals tut mir so weh. — Ja, wo tut's denn weh? Ja, wo tut's denn weh? — Dok-tor, hier tut es mir weh.

Doktor:	Na, was tut denn weh?
	Na, was tut denn weh?
Polly:	Oh, mein Hals tut mir so weh!
Doktor:	Ja, wo tut's denn weh?
	Ja, wo tut's denn weh?
Polly:	Doktor, hier tut es mir weh.
Doktor:	Tut die Brust auch weh?
	Tut die Brust auch weh?
Polly:	Ja, die Brust tut mir auch weh.
Doktor:	Tun die Ohren weh?
	Tun die Ohren weh?
Polly:	Nein, die Ohren tun mir nicht weh.

Glossar

Na, was tut denn weh?	Where does it hurt?
Mein Hals tut mir so weh.	My throat hurts very much.
Doktor, hier tut es mir weh.	Doctor, it hurts here.
Tut die Brust auch weh?	Does your chest hurt, too?
Tun die Ohren weh?	Do your ears hurt?
Nein, die Ohren tun mir nicht weh.	No, my ears don't hurt.

24

Wiederholen Sie den Text!

Bitte, schreiben Sie:

N __ , w __ __ t __ __ d __ __ __ w __ __ ?

Oh, m __ __ __ __ H __ __ __ t __ __ m __ __ s __ w __ __ !

● J __ , w __ t __ __ ' __ d __ __ __ w __ __ ?

○ D __ __ __ __ __ __ , h __ __ __ t __ __ e __ m __ __ w __ __ .

● T __ __ d __ __ B __ __ __ __ a __ __ __ w __ __ ?

○ J __ , d __ __ B __ __ __ __ t __ __ m __ __ a __ __ __ w __ __ .

● T __ __ d __ __ O __ __ __ __ w __ __ ?

○ N __ __ __ , d __ __ O __ __ __ __ t __ __ m __ __ n __ __ __ __

w __ __ .

104

Ich habe solche Schmerzen.	I have got such a pain.
Ich weiß nicht.	I don't know.
das Herz	heart
der Kopf	head
die Nase	nose
Bin ich ernstlich krank?	Am I seriously ill?
Kein Problem!	No problem!
Sie haben Liebeskummer.	You have lovers' grief.
Ich glaube ...	I believe ..

Bitte, schreiben Sie:

Fräulein Müller: Doktor, ich habe s _ _ _ _ _   Schmerzen.

Doktor: J _ , w _ t _ _ ' _ d _ _ _ w _ _ ?

Fräulein Müller: Ich w _ _ _ nicht.

Doktor: Tut die N _ _ _ w _ _ ?

Fräulein Müller: Nein, die N _ _ _ tut mir nicht w _ _ .

Doktor: Tun die O _ _ _ _ w _ _ ?

Fräulein Müller: Nein, die O _ _ _ _ tun mir nicht weh.

Doktor: T _ _ der K _ _ _ w _ _ ?

Fräulein Müller: Nein.

Doktor: Ja, was tut denn weh?

Fräulein Müller: Ich w _ _ _ nicht.

Doktor: Tut das H _ _ _ weh?

Fräulein Müller: Ja. Herr Doktor. Bin ich e _ _ _ _ _ _ _ _ k _ _ _ _ ?

Doktor: Ich glaube, Sie haben Liebeskummer!

25 Review Unit

Was ist hier falsch?

Schreiben Sie es richtig. Wenn Sie Hilfe brauchen, wiederholen Sie den Text.
What's wrong here? Rewrite the sentence correctly. If you need help, review the text.

1. Ich bin Ausländer und spreche nicht gut Deutsch. Bitte sprechen Sie etwas schneller.

   _____

2. Was können Sie empfehlen? – Das Huhn mit Eis.

   _____

3. Wie sagt man "I'm fine"? – Es schmeckt gut.

   _____

4. Kommen Sie aus Tokio? – Nein, ich komm' aus Oberammergau.

   _____

5. Können Sie mir bitte helfen? Haben Sie meinen Kopf gesehen?

   _____

6. Na, was tut denn weh? – Oh, meine Brille tut mir so weh.

   _____

7. Haben Sie Ansichtskarten vom Postamt in Trier?

   _____

8. Sie sprechen nicht gut Deutsch! – Danke, das freut mich.

   _____

9. Ach, Herr Brahms, Sie können gehen!

   _____

10. Wollen wir ins Kino gehen? – Ich geh' lieber Eis essen.

    _____

1. Ich b __ __ Aus __ __ __ __ __ __ __ und sp __ __ __ __ __ nicht g __ __

   Deutsch. (Seite 11)

   K __ __ __ __ __ S __ __ m __ __ bitte h __ __ __ __ __ __ ?

   Ich k __ __ __ __ __ m __ __ __ hier nicht a __ __ __ . Sagen Sie, bin i __ __ __

   hier r __ __ __ __ __ __ __ ? Ich will z __ __ Domplatz 13.

   Das hier i __ __ Domplatz 10. Domplatz 13 __ __ __ gegen __ __ __ __ .

   (Seite 87)

   Vielen D __ __ __ für I __ __ __ Auskunft.

   Bitte s __ __ __ __ __ . Gern g __ __ __ __ __ __ __ __ __ .

   Auf W __ __ __ __ __ __ __ __ __ __ ! (Seite 49)

2. Kann i __ __ m __ __ Herrn Vogel sp __ __ __ __ __ __ ?

   Tut __ __ __ leid. Er __ __ __ nicht hier. (Seite 41)

   Bitte, spr __ __ __ __ __ S __ __ doch langsam! Ich v __ __ __ __ __ __ __

   nicht, was Sie s __ __ __ __ . (Seite 11)

3. Verzeihung! Wo i __ __ hier __ __ __ nettes Restaurant?

   A __ Marktplatz __ __ __ eins.

   Können Sie __ __ __ sagen, wo __ __ __ Marktplatz __ __ __ ?

   Erst nach I __ __ __ __ , dann immer g __ __ __ __ __ __ __ __ . (Seite 45)

   Vielen __ __ __ __ für I __ __ __ Auskunft. (Seite 49)

4. Ja, w __ __ können S __ __ empfehlen?

   Das Huhn mit Reis. (Seite 52)

   Herr Ober, b __ __ __ __ __ e __ __ __ __ __ Rotwein, Sauerbraten mit Salat, und

   z __ __ N __ __ __ __ __ __ __ __ ein S __ __ __ __ Kuchen. (Seite 52, 54)

25 Bitte, schreiben Sie: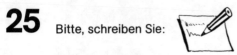

1. Guten Abend. H _ _ _ _ Sie n _ _ _ ein Doppel _ _ _ _ _ _

   frei? (Seite 76)

   Haben Sie eine Reservierung?

   L _ _ _ _ _ h _ _ _ ich k _ _ _ _ Reservierung. (Seite 76)

   Einen Moment. ..... Ja, wir haben noch ein Doppelzimmer frei.

   W _ _ i _ _ I _ _ Name? (Seite 24)

   Watanabe!

   Füllen S _ _ das bitte _ _ _ . (Seite 76)

2. Kann i _ _ m _ _ Herrn Knut Mohr spr _ _ _ _ _ _ ? (Seite 41)

   Einen A _ _ _ _ _ _ _ _ _ , bitte.

   Mohr.

   Hallo, g _ _ _ ' d _ _ _ , Knut, sag', w _ _ g _ _ _ 's?

   Oh, ganz g _ _ . (Seite 28)

   Wollen w _ _ i _ _ Kino g _ _ _ _ ? (Seite 33)

   Ich k _ _ _ _ gern m _ _ . (Seite 33) Wo w _ _ _ _ _ wir u _ _

   treffen? (Seite 83)

   Am b _ _ _ _ _ b _ _ mir, um sieben Uhr. (Seite 83)

   Alles k _ _ _ . (Seite 75)

   Auf Wiedersehen.

Was sagen die Leute? – What do these people say?
Schreiben Sie den passenden Satz in die Sprechblase. –
Write the corresponding sentence in the balloon.

25

2.

a) Können wir uns duzen?

b) Leider hab' ich keine Reservierung.

c) Du hast schöne Augen!

1.

a) Wo ist hier ein Restaurant?

b) Ich hab' mich verliebt.

c) Herr Ober, was können Sie empfehlen?

4.

a) Ich bin Ausländer.

b) Können Sie mir bitte sagen, wo ein MacDonald-Restaurant ist?

c) Hallo, hier spricht Charlie Chaplin.

3.

a) Guten Tag. Wie geht es Ihnen?

b) Die Jacke paßt sehr gut.

c) Geht dieser Bus nach Hamburg?

Antworten: 1c, 2c, 3b, 4a.

25 *Was sagen die Leute? – What do these people say?*
Füllen Sie die Sprechblasen aus. – Fill in the balloons!

2.

- a) Ich will zu Müllers. Bin ich hier richtig?
- b) Auf Wiedersehen.
- c) Wie ist das Wetter.

1.

- a) Tut mir leid, ich muß gehen.
- b) Können Sie mir sagen, wo ein Frisör ist?
- c) Bitte, etwas kürzer!

4.

- a) Herr Ober, ein Bier!
- b) Haben Sie Ansichtskarten?
- c) Ich ruf später noch mal an.

3.

- a) Guten Abend. Ich heiße Bruno Kottwitz.
- b) Freut mich. Helga Wirsing.
- c) Bleiben Sie am Apparat!

Antworten: 1c, 2a, 3a, 4c.

Verteilung des Grammatikstoffes

"Eine Kleine Deutschmusik" prepared me (without the help of a teacher) for my first business trip to Germany. I was surprised how well I could communicate with my German counterparts. Thank you, Uwe Kind.

David Le Fort
Compucorp, Santa Monica, Ca.

"Fantastisch" for my pronunciation singing opera and lieder, for communication in travel and work.

Norma French
New York City Opera

Uwe's SingLingual is a "KIND" of magic. It captured the imagination of my foster child from Cambodia and tuned her into English.

Gail Sheehy
Author of "Passages" and
"Pathfinders"

Commuting is now a profitable time for me. I listen to "Eine Kleine Deutschmusik" and am amazed how much German I'm learning. Will your Spanish version be ready soon?

George McDougal
National American Paper Company,
Cincinnati, Ohio

"Eine Kleine Deutschmusik" is fun, painless and exciting. The tunes on the cassette facilitate instant recalling and make learning German "spielend leicht". My students always ask for more.

Barbara Oberding
Jonathan Dayton Regional High School,
Mountainside, N.J.

My son Kenneth loves "Eine Kleine Deutschmusik". For the first time he was willing to talk to his relatives in German.

Helen Krick
Lincoln, Neb.